Der Traum vom Abenteuer

Auf die höchsten Berge aller sieben Kontinente

Gipfelsturm am Mount Everest

Ekke Gundelach

Der Traum vom Abenteuer

Auf die
höchsten Berge
aller sieben
Kontinente

Verlag Stadler

Verlag und Vertrieb:
Stadler Verlagsgesellschaft mbH, Konstanz

Alle Fotografien in diesem Buch sind von Ekke Gundelach
mit Ausnahme folgender Bilder:
Helmut Katzenmaier, Seite 88 unten;
Hellmut Seitzl, S. 64 unten, S. 131 oben rechts;
Günter Sturm, S. 44 oben; Walter Treibel, S. 99.

ISBN 3-7977-0320-1

Inhalt

Für Heidi Eleonore

Traumziel vieler Bergsteigergenerationen: Grandes Jorasses Nordwand, im letzten Licht eines Novemberabends.

Der Stoff, aus dem die Träume sind ...

»Ich möcht' nur wissen, was ihr in den Bergen sucht«, wunderte sich meine besorgte, aber völlig ahnungslose Mutter, als ich mich wieder einmal zu Beginn der großen Ferien mit Adi Thum aufmachte, um in den Alpen zu klettern.
Adi war zwei Jahre jünger als ich und lernte Maschinenschlosser. Er beruhigte meine Mutter mit den Worten: »Wir wollen auf den Alphubel steigen.« Dieser harmlos klingende Name eines Viertausenders in der Schweiz lenkte von unserem eigentlichen Vorhaben ab. Der Alphubel war nur als Eingehtour geplant, tatsächlich wollten wir aber die Nordwände von Piz Palü und Matterhorn durchsteigen. Wären wir mit der vollen Wahrheit herausgerückt, meine Mutter wäre sicher vor Angst gestorben!
Das Abenteuer meines Lebens nahm seinen Anfang in der Nähe von Lindau. Von den saftig grünen Hügeln des Allgäus, wohin sich meine Mutter zu Beginn des Zweiten Weltkrieges zurückgezogen hatte, sah man die Kette der Zentralalpen hinter dem malerisch gelegenen Bodensee. Der Umzug ins Westallgäu geschah noch rechtzeitig, bevor die Heimatstädte meiner Eltern, Köln und Hannover, in Schutt und Asche gebombt wurden.
Während andernorts die Feuersbrunst Menschen wie lebendige Fackeln verbrennen ließ und unersetzliche Kulturschätze auffraß, war in dem Dorf, wo ich aufwuchs, wenig vom Krieg zu spüren. Der Blick auf den Bodensee mit der schönen, vor der grandiosen Naturkulisse der Alpen sich hinstreckenden Inselstadt Lindau hatte auch während der Zeit des sinnlosen Mordens nichts von seiner Faszination eingebüßt.
»Ja, da legst di nieder!« – diesen berühmten Ausspruch soll der »liebe Augustin«, der literarische Schutzheilige des Lindauer Bodenseeufers, angesichts dieses Panoramas getan haben. Nicht von ungefähr, handelt es sich doch um eine der abwechslungsreichsten Landschaften Mitteleuropas, die sich bei Schönbühl vor den Augen des überraschten Betrachters ausbreitet.

Die Berge, die am Horizont im blauen Dunst zerfließen, haben mich schon in meiner Kindheit fasziniert. Sie sind so weit weg und wirken so geheimnisvoll. Seit ich denken kann, übten sie auf mich eine nicht erklärbare Anziehungskraft aus!
Meine ersten Unternehmungen, meist allein, machten mich neugierig. Das Hochgebirge lüftete seinen mystischen Schleier allerdings nur zögernd. Das Ungewisse und die grandiose Urlandschaft des Gebirges lockten mich. Hier meinte ich, meinen Lebenshunger stillen zu können – und bekam doch immer größeren Appetit auf Abenteuer. Klettern stand im Mittelpunkt meines Lebens. Diese Risikosportart beschäftigte mich bald so sehr, daß ich von senkrechten Felswänden träumte. Nicht wie ein Tagträumer oder wie in den Horrorvisionen vieler Alpträume – meine Träume von den Kletterrouten durch steile Felswände waren erfüllt von der Vorfreude auf die dort zu erwartenden Abenteuer. Sie schlossen Sehnsüchte ein, die ich wohl spürte, aber nicht logisch erklären konnte.
Ich hatte keinen eigentlichen Mentor, der mir das Bergsteigen hätte beibringen können: die Technik, das Zurechtfinden im Gebirge, das Einschätzen der Situationen und der Gefahren. Auch litt ich als Jugendlicher unter chronischem Geldmangel und bin deshalb zu mancher Tour mit dem Fahrrad aufgebrochen. In meiner Heimat am Bodensee lagen die Berge zwar vor der Haustür, aber eine mehrstündige Fahrt vor und nach der Tour, den schweren Rucksack noch dazu auf dem Gepäckträger, war oft anstrengender als die Bergtour selbst. Innerhalb von ein bis zwei Jahren hatte ich mir dadurch eine glänzende Kondition erworben, und montags streckte ich meine müden Beine immer wohlig unter der Schulbank aus. Die Geldnot förderte aber auch eine Tugend: nur das Allernotwendigste hatte ich dabei, teure »Schlosserei« konnte ich mir nicht leisten.
1961 – damals war Bergsteigen noch kein Massenphänomen – war mir mit zwei Ravensburger Kletterern in völlig freier Kletterei eine Erstbegehung der Nordostwand der Drusenfluh (Vorarlberg/Österreich) gelungen. In der 300 Meter hohen Wand benutzten wir nur wenige Standhaken und einen einzigen Zwischenhaken. Die eigentliche Schlüsselstelle der Route war ein sich nach unten öffnender Felstrichter, den man freikletternd nur über einen schmalen überhängenden Felsspalt überwinden konnte, indem man die Hände faustartig im Riß verklemmen und die Füße dabei vom Fels abstemmen mußte. In den sechziger Jahren, die wegen der Hakenklettereien als »Eisenzeit« in die Geschichte des Alpinismus eingingen, war solche Materialabstinenz nicht üblich und von uns auch nicht beabsichtigt. Wir hatten schlicht und einfach keine Holzkeile dabei, um sie in den überhängenden Riß hineindreschen zu können.
Im Rätikon lernte man den Umgang mit splittrigem Fels, vor allem im Bereich des vierten bis sechsten Schwierigkeitsgrades. Die schwer zu findenden Routen förderten das Orientierungsvermögen. Freiklettern hatte hier Tradition. Schon 1933 (!) hatte der Bregenzer Bergsteiger Ernst Burger, ein bescheidener Mann, der in Lauterach seinem Zimmermannsberuf nachging, bei der Überwindung des A-Spaltes in der Drusenturm-Südwand den siebten Schwierigkeitsgrad eingeführt (44 Jahre vor der Erstbegehung der Pumprisse im Wilden Kaiser!). Die Nachfolger von Ernst Burger umgingen diese Kletterstelle über einen mit »lausigen« Haken gespickten Überhang. Erst 1979 lüftete Beat Kammerlander dieses Geheimnis. Über meinen Bregenzer Kletterpartner Paul Eder, mit dem ich vorwiegend im Winter und im Steileis (Ortler-Nordwand) unterwegs war, habe ich Ernst Burger, dreißig Jahre nach seiner denkwürdigen Erstbegehung am Drusenturm, kennengelernt: Burger war seinerzeit ein ruhiger, jedes Aufsehen vermeidender Fünfziger.
Als ich ein Jahr später, im August 1962, mit dem Lindauer Lehrling Adi Thum durch die Nordwand des Matterhorns kletterte, war klar, daß ich den dort zu erwartenden Schwierigkeitsgrad spielend meistern würde. Der Reiz des Abenteuers

Drusenturm-Südwand, Burgerweg. Ich klettere knapp unter dem legendären A-Spalt, mit dessen Überwindung Ernst Burger 1933 den siebten Schwierigkeitsgrad im Rätikon einführte!

lag hier mehr in der Länge der Kletterroute und in den Besonderheiten des Geländes, das viele Unwägbarkeiten wie Vereisung oder brüchiges Gestein aufwies, und in der Gefahr der Wetterveränderung. Die Matterhorn-Nordwand war am 13. August 1962 völlig ausgeapert, das heißt, die Felsen waren meist schnee- und eisfrei und entsprechend steinschlaggefährdet. Wir hatten eine der seltenen steigeisenlosen Begehungen oberhalb des Einstiegseisfeldes gemacht! Nach etwa zwei Drittel Wandhöhe ging eine am Hörnligrat achtlos abgetretene Steinlawine über uns herab. Mein Seilpartner wurde so sehr am Oberschenkel getroffen, daß er das Bein kaum mehr bewegen und nur noch mit Seilzug aus der Wand aussteigen konnte. In der Nähe war eine zweite Seilschaft (Eisner/Badura), die der Steinschlag ebenfalls übel zugerichtet hatte. So waren wir trotzdem ganz auf uns allein gestellt – eine heute übliche Bergungsmöglichkeit mit dem Hubschrauber gab es damals noch nicht. Plötzlich ergriff mich die Ungewißheit über den Ausgang der Tour, und ich konnte meinen Partner nur unter größten Anstrengungen aus der Wand bringen. Dieses dramatische Erlebnis vermittelte mir ein Lebensgefühl, das ich in dieser Intensität bis dahin noch nicht kennengelernt hatte. Es erfüllte mich ob der erbrachten Leistung mit Freude und Stolz. In Alpinistenkreisen erfuhren wir Anerkennung, und unsere Alpenvereinssektion Lindau ließ uns ein ganzes Kalenderjahr gratis auf der Lindauer Hütte übernachten. An diese noble Geste habe ich mich zeitlebens erinnert, denn sie entlastete mein damals schmales alpines Budget ganz erheblich! Einen starken Erlebnishunger verspürte ich immer, wenn mich besondere Umstände, wie zum Beispiel die Vorbereitung auf Prüfungen, längere Zeit von den abenteuerlichen Unternehmungen abhielten. So auch nach dem Abitur Anfang Februar 1963.

Gleich am ersten freien Tag war ich mit dem Bludenzer Wilfried Brunold in der Nordwestwand der Sulzfluh unterwegs. Diese Route war bis dahin noch nie im Winter begangen worden, und meine Besessenheit nach monatelanger Zwangspause war so groß, daß mich die extremen winterlichen Temperaturen (–30°C), die sogar den Bodensee hatten zufrieren lassen, nicht davon abhalten konnten, durch die tiefgekühlte Wand aus senkrechtem dunkelgrauem Fels zu steigen.

Kurze Zeit später traf ich meinen Klassenkameraden Dietrich Orlop*, der wie ich in Wasserburg wohnte. Dietrich war einen Kopf größer als ich und hatte wegen seines Wikinger-Looks von uns Schülern den Spitznamen Rasmus bekommen. Er erzählte mir, daß der Bodensee schon fast ganz zugefroren sei und mehrere Leute eine Überquerung zum anderen Ufer in Erwägung gezogen hätten. Einer war von seinem Versuch, den See am 10. Februar 1963 mit dem Rad zu überqueren, nicht wieder zurückgekommen: der 68jährige Rentner Gregor Spieler aus Wasserburg.

*Überquerte 1964 als Marinekadett auf dem Rahsegler »Gorch Fock« den Atlantik.

Durch diesen tödlichen Unfall vorgewarnt, kamen Rasmus und ich schließlich auf die Idee, uns bei der Überquerung des Bodensees mit einem vierzig Meter langen Bergsteigerseil zusammenzubinden. Von unseren Schlittschuhfahrten auf dem See wußten wir, daß an vielen Stellen »Gaslöcher« in der Eisdecke waren. Durch sie blubberte ständig das Sumpfgas hoch und verhinderte so das Zufrieren. Um die Löcher herum war die Eisdecke oft dünner und brach leicht ein. Wir wollten einen eventuellen Sturz in ein Eisloch, durch den die Eisdecke weiter aufgebrochen wäre, mit Hilfe eines Bergseils absichern. Bergsteiger begegneten ja der Absturzgefahr auch mit Seilsicherung, warum sollte diese hier auf der fast vollständig gefrorenen Fläche des Bodensees nicht auch gegen das Einbrechen und Ertrinken Schutz bieten?

Wir erreichten am 11. Februar 1963 nachmittags gegen 14 Uhr Rorschach und waren meines Wissens die Allerersten, die damals den zugefrorenen See überquert hatten. Allerdings gingen wir dort nicht an Land, um unsere Tat groß publik zu machen. Ein solches Aufsehen hatten wir beide tunlichst zu vermeiden, denn sonst hätten uns unsere Eltern, die uns ziemlich an der »kurzen Leine« hielten, solche Unternehmungen schlichtweg verboten und das Taschengeld gestrichen! Und wir wollten doch beide weiterhin Abenteuer erleben! Auf dem Rückweg planten wir, über Lindau nach Wasserburg zurückzulaufen, und hielten uns deshalb Richtung Rohrspitz. Hier blieb Rasmus mit einem Schlittschuh in einem Sumpfgasloch hängen, schlug der Länge nach auf das knisternde und splitternde Eis. Ich konnte ihm gerade noch zurufen, daß er bloß nicht versuchen solle, auf die Beine zu kommen, weil sonst das Eis ganz durchzubrechen drohe, als die Eisoberfläche auch schon vom Wasser überspült wurde. Mittendrin lag Rasmus bei einer Lufttemperatur von etwa –30°C. Ich zog ihn mit dem Bergseil langsam und behutsam auf dickeres Eis, wo er in seinen zwischenzeitlich zu einer eisigen Rüstung gefrorenen Kleidern ungelenk und mühsam aufstand. Vorsichtig liefen wir, weiterhin angeseilt, zurück nach Wasserburg. Leise schlichen wir in das direkt am See gelegene Orlopsche Anwesen, damit ja niemand etwas von dem Mißgeschick erfahren würde. Rasmus bekam einen doppelten Schnaps und stieg mitsamt seinen gefrorenen Kleidern in eine heiße Badewanne. Er hat nicht mal einen Schnupfen bekommen!

Erst Jahre später erfuhr ich, daß am selben Tag Harry Aebischer aus Uttwil beim Schlittschuhlaufen ins Eis eingebrochen und ertrunken war; genauso der Gastwirt Heiri Flach aus Bad Horn, der dasselbe Schicksal wie Gregor Spieler tags zuvor erlitten hatte, als er mit seinem Moped auf dem noch nicht vollständig zugefrorenen See unterwegs war. Im nachhinein hatte sich unsere beim Bergsteigen erlernte Sicherungsmaßnahme als lebensrettend erwiesen.

Die ersten sechs Jahre meines Bergsteigerlebens war ich ein enorm risikofreudiger Kletterer. Neben der für das extreme Felsklettern notwendigen akrobatischen Körperbeherrschung

Die 600 Meter hohen Südwände der Drusentürme und der Drusenfluh (links) glühen im letzten Abendrot des Silvestertages 1988 auf.

führte dies schnell zu Sicherheit und Vertrautheit in heiklem Gelände. Brüchiges, aber auch kombiniertes Gelände, wo sich Fels mit Eis und Schnee abwechselte, lag mir. Das hing unter anderem damit zusammen, daß ich schon als 17jähriger im winterlichen Hochgebirge zum Klettern gegangen war. Im Sommer 1965 bekam ich dann am Schweizerpfeiler des Großen Drusenturms einen deutlichen Warnschuß verpaßt!
Mit Udo Patscheider* aus Freiburg kletterte ich die Route von Max Niedermann. Niedermann war so etwas wie ein Markenzeichen für Superklettereien in der Zentralschweiz. Für diese Südroute hatten wir günstiges Wetter erwischt: bedeckten Himmel und ab und zu ein wenig Nebel. So hielt sich unser Durst in Grenzen, und an diesem Tag »lief« es bei mir optimal. Patscheider war damals einer der führenden Felskletterer Südwestdeutschlands, aber er hatte an der Reibungsplatte, die zu dieser Zeit weder gemeißelte Minitritte noch Bohrhakenabsicherung aufwies, Probleme. Kein Wunder, denn mit den damals üblichen Bollerschuhen (schwere Bergstiefel mit steigeisenfester Stahleinlage) war diese Reibungsstelle an der absoluten Grenze des Kletterbaren. Während man auf der steilen grauen Kalkplatte ganz langsam auf dem vordersten halben Zentimeter der Vibramsohle tiefer rutschte, mußte man sich aufrichten, um die Hand in eine seichte Mulde zu schieben, einen Griff gab es in der Nähe nicht. Mit der damaligen Ausrüstung war das die Grenze zum siebten Schwierigkeitsgrad. Ich schaffte die Platte auf Anhieb im ersten Versuch und gab dann die Führung nicht mehr an Udo ab. Der Erfolg an der Platte ließ das Adrenalin bis in meinen kleinsten Muskel pulsieren und verlieh mir Kraft und Mut, um den Schweizerpfeiler völlig frei, das heißt ohne die Benutzung von Haken, zu klettern. Unter einer splittrigen Verschneidung war ich einem engen Schulterriß, in dem man sich mühselig wie ein Wurm hochschlängeln mußte, ausgewichen und unter hohem Sturzrisiko außen hochgeklettert. Über dem am Schluß überhängenden Riß war Standplatz in einem Gufel (Felsaushöhlung), dessen glatten Grund ich mit den Händen schon erreicht hatte und in dem etwas Sand lag. Meine Hände rutschten nach einem Pendler (in die Senkrechte unter den Gufel), bei dem der ganze übrige Körper in der Luft hing, im Zeitlupentempo aus dem Gufel. Dann stürzte ich rasend schnell nach unten, das Geröllfeld, 400 Meter unter mir, kam mit hoher Geschwindigkeit näher – so war mein subjektiver Eindruck –, aber gedacht oder empfunden habe ich dabei nichts. Kein Ruck, kein Schmerz im Brustkorb (wir benutzten damals noch keine Klettergurte, sondern waren mit zwei Seilen direkt um die Brust mit Bulinknoten angeseilt!).
Wie von einem Gummiseil wurde ich etwa 15 Meter nach oben katapultiert und hing dann an der senkrechten Wand. Über mein Mißgeschick verärgert, hantelte ich mich an den Seilen zum Standplatz hoch und wollte den Schulterriß nocheinmal

*In einer Lawine am Grassen (Schweiz) umgekommen.

versuchen, als Udo mich energisch zurückhielt: ich sei käsweiß im Gesicht und meine Hose am Hosenboden zerrissen und völlig blutig. Anschließend wurde es mir in der Magengegend mulmig – der Schock vom Absturz wirkte. Ich hatte soeben einen 70-Meter-Sturz überlebt. Den Rest der Tour zog mich Udo an den Seilen hoch, bei Quergängen pendelte ich einfach. Probleme bekam ich auch in Freiburg an der Uni, wo ich inzwischen studierte. Zwei Wochen später hatte ich die Leichtathletik-Semesterprüfung mit 14 Stichen in der rechten Hinterbacke zu absolvieren! Ich schloß als Schlußlicht des ganzen Semesters ab, und mein Trainer Kurt Scheibner gab mir nichtsahnend den Rat, doch besser mit dem Rucksack im Schwarzwald zum Wandern zu gehen. Seitdem habe ich jedes Sturzrisiko kalkuliert und mir nie wieder einen Sturz geleistet. Die Angst der Wettkampf-Sportkletterer vor alpinem Gelände und den dort lauernden Absturzgefahren kann ich seit diesem Erlebnis bestens nachvollziehen!

Da ich finanziell unabhängig und in eine bürgerliche Existenz eingebettet war, mußte ich nicht wie manche Profibergsteiger für Werbung und Sponsoren aufsehenerregende Risikotouren unternehmen. Trotzdem habe ich immer wieder das Risiko gesucht. Berechenbares Risiko bedeutete für mich: es mußte eine Möglichkeit geben, der Gefahr auszuweichen und tödliche Situationen überwinden zu können. Nervenkitzel und Adrenalinstoß waren die Würze. Doch der eigentliche Grund, mich immer wieder auf riskante Touren einzulassen, lag tiefer, lag in der Seele. Oft hatte ich nach einem Biwak, das ich keineswegs wie ein abgeklärter indischer Yogi überstand, sondern mit Zähneklappern durchlitt, vollständig genug vom extremen Bergsteigen und seinen Begleitumständen. Wie oft habe ich meine Lust am Klettern verwünscht, wenn mir die Angst im Nacken saß, ob ich je lebend aus der einen oder anderen Wand wieder zurückkäme! Aber all das half nichts. Nach nicht allzulanger Zeit der Abstinenz war ich beim Spiel mit dem Tod wieder dabei.

Wie von einem inneren »du mußt« getrieben, entwickelte sich mein Bergsteigen zur »Sucht«; ähnliches habe ich nur beim Ausdauersport erlebt, und zwar in doppelter Hinsicht: physiologisch durch die Ausschüttung von Endorphinen, die jeden Ermüdungsschmerz verschwinden lassen und euphorisch machen, und psychologisch durch das damit verbundene tiefe und intensive Existenzerlebnis, das mir die Befreiung vom Grübeln und den Denkzwängen brachte, den Quälgeistern unserer technisch kultivierten Lebenswelt.

Extremes Bergsteigen war für mich eine Möglichkeit des Vergessens. Nicht nur kurz abschalten, sondern für eine bestimmte Dauer war ich von Depressionen befreit, die durch ein gesundheitliches Handicap verursacht worden waren. Während des Wehrdienstes war ich durch die Nachlässigkeit eines Stabsarztes, der mich nach einer schweren Mittelohrentzündung viel zu früh wieder voll dienstfähig geschrieben hatte, bei Sprengübungen auf dem rechten Ohr taub geworden. Viele Menschen haben mich deshalb oft abfällig eingeschätzt. Mein schlechtes Hören wurde offensichtlich geringer Intelligenz und schlechter Auffassungsgabe zugeordnet. Unter solchen demütigenden Umständen habe ich oft gelitten. Beim schweren Bergsteigen störte mich meine Taubheit nicht, ich konnte alles vergessen, lebte im Augenblick, und das machte mich glücklich.

Als Bergsteiger hatte ich unbewußt gelernt, mit dem Leistungsprinzip zu leben, und konnte dies ohne weiteres auf meine Arbeitswelt übertragen. Meine Ausbildung an der Universität schloß ich mit gutem und sehr gutem Erfolg ab und – was auch damals die Ausnahme war – in der vorgeschriebenen Mindestzeit! Wenn ich aber das Bergsteigen nicht im Joch des Leistungsprinzips empfand, sondern als ein Spiel, dann vor allem deshalb, weil mir am Berg die Freiheit geboten wurde, aufzubrechen, wohin ich wollte: in die Vertikale und in die Horizontale. So habe ich Berge auf allen Kontinenten der Erde besteigen können.

Der Einsatz bei diesem Spiel war mehr als einmal das Leben. Und Überleben war nicht nur mit physischer Abhärtung, Ausdauer und Kraft möglich, psychische Widerstandsfähigkeit war häufig ausschlaggebend, aber auch eine umsichtige Organisationsfähigkeit, die das Denken und Handeln auf die einfachsten lebenserhaltenden Vorgänge reduziert. Die richtige Entscheidung im richtigen Moment zu treffen, ist in den schwierigen Situationen beim extremen Bergsteigen, besonders beim Höhenbergsteigen, für den Erfolg und für das Überleben notwendig. Fehler sind in der Regel tödlich! Allzuoft habe ich diese schmerzliche Erfahrung in meinem Freundes- und Bekanntenkreis machen müssen. Zu vielen wurde das Spiel mit dem Tod zum Verhängnis. Das richtige Einschätzen der Gefahr am Berg ist kein ausschließlich auf Erfahrung und Intellekt basierender Lernvorgang. Der instinktiv sichere Umgang mit der Gefahr setzt auch eine gewisse Sicherheitsreserve voraus. So wie Tiere in der Wildnis eine Fluchtdistanz wahren, suchte ich mir immer eine Möglichkeit, der tödlichen Gefahr ausweichen zu können. Der Draufgänger in mir wurde wirksam durch mein »feiges Ich« kontrolliert. Aus Angst wurde ich vorsichtig, und ich habe so manche Kletterpartie abgebrochen, selbst wenn der Rückzug genauso riskant wie der Weiterweg war. Als ich 1963, durch intensives Morgenrot verunsichert, einen Wettersturz befürchtete, kehrte ich in zwei Drittel Höhe der Eiger-Nordwand am Todesbiwak um. Bei einer späteren Begehung der Eigerwand merkte ich, daß der Weiterweg weniger riskant gewesen wäre als die Abseilmanöver über die Eisfelder und das steinschlaggefährdete Gelände.

Nach meiner Alleinbesteigung des Nanga Parbat sah ich mich – durch Schlechtwetter tagelang am Berg festgehalten – mit dem Problem konfrontiert, vor körperlicher Erschöpfung

Linke Seite:
Genußkletterei in der Sulzfluh-Südwestwand (Rätikon).

nicht mehr weiter absteigen zu können. Der tödlichen Lawinengefahr vermochte ich nur durch weiteres Abwarten auszuweichen, aber das Verweilen in dieser Höhe brachte mich der totalen körperlichen Erschöpfung immer näher. Ein Teufelskreis, den ich aus eigener Kraft nicht mehr durchbrechen konnte. Nach dieser – nur mit Glück überstandenen – Tour änderte sich meine Einstellung zum extremen Bergsteigen. Ich begann, mir Gedanken zu machen, warum ich 30 Jahre lang »Kopf und Kragen« riskiert hatte. Alles Lesbare über die Hintergründe des Bergsteigens durchleuchtete ich nach Antworten auf diese Frage und bin bis heute nicht endgültig fündig geworden.
Als Zweitältester von vier Geschwistern hatte ich zu meiner Mutter ein besonders gutes Verhältnis. Über meine Kleinkindzeit, an die ich mich nicht erinnern kann, erzählte sie mir, daß sie mich im zarten Alter von gerade drei Jahren heftig schlagen mußte. Nicht etwa, weil ich ein ungezogenes, verwöhntes Kleinkind oder weil meine Mutter vielleicht unbeherrscht und aggressiv gewesen wäre. Sie hat während der Kriegs- und Nachkriegszeit mit viel Idealismus vier Kinder großgezogen und daneben noch ihren Beruf als Werbegrafikerin ausgeübt. Der Grund war ein ganz anderer: zusammen mit meiner jüngeren Schwester hatte ich mich im Herbst 1945 mit Diphtherie infiziert. Die Infektion war schon so fortgeschritten, daß ich im Gesicht blau wurde und zu ersticken drohte. Während meine Mutter auf unseren Hausarzt, Dr. Sitzmann, wartete, der das lebensrettende Serum mit dem Fahrrad (!) von Lindau nach Wigratzbad bringen sollte, versohlte sie mir das Hinterteil, damit ich kräftig zu schreien anfinge und mehr Luft bekäme.
Ich hatte die Nähe des Todes am eigenen Leibe erfahren, und es scheint, als hätte diese Erfahrung mich bereits als Kleinkind geprägt. Danach hatte ich nämlich öfters denselben Traum: alles um mich herum löste sich auf, und ich drohte in ein tiefes Loch zu versinken. Ich war völlig hilflos und litt Todesängste. Dann wachte ich immer total erschöpft auf. Diese Alpträume legten sich erst, als ich etwa 14 Jahre alt war. Meine Passion des extremen Bergsteigens kann durchaus die Suche nach dem Tod gewesen sein, um ihn endlich zu überwinden.
Schon als Grundschulkinder waren wir mit unseren Eltern auf – für die damaligen Verhältnisse in der Nachkriegszeit – weiten Reisen unterwegs. Zu sechst fuhren wir im Lloyd-»Plastikbomber« mit Holzaufbau und 300 ccm Hubraum nach Süden, meistens in die Schweiz oder nach Italien. Wie passend war der Reim der Nachbarskinder, mehr aus Spaß als aus Neid geboren: Wer den Tod nicht scheut, fährt Lloyd.
Ich erinnere mich nicht, daß ich jemals Heimweh hatte. Auch später nicht, als ich oft monatelang im Ausland war. Das Fernweh hingegen, das mich regelmäßig überkam, konnte ich nicht mit einem Badeurlaub in der Südsee befriedigen. Ich brauchte intensivere Existenzerlebnisse. Obwohl ich überhaupt kein Aussteiger bin, war dieses sporadische Aussteigen aus dem Alltag notwendig. In der Einöde der Hochgebirge, der Wildnis der Urwälder und Wüsten wurde ich mit der überaus harten Natur konfrontiert, die meine physische Existenz forderte und mich intensiv erleben ließ. Eine Erlebnisweise, die in unserer technischen und kulturellen Entwicklung immer mehr abhanden kommt.
Bei Projekttagen habe ich meinen Schülern solche Erlebnisse in Form von Überlebenstraining zu vermitteln versucht. Ich war nicht nur über den Anklang bei der jungen Generation überrascht, sondern vor allem darüber, wie intensiv die Jugendlichen die trivialsten Dinge wie Hunger und Durst oder so etwas Einfaches wie Laufen erlebt haben und was alles in ihnen steckt!
Soweit nicht Übererschließung und ganze Völkerwanderungen diese immer seltener werdenden Erfahrungen schmälern, ist Trekking eine ideale Begegnung mit der Wildnis, die man sich auf Schusters Rappen erarbeiten muß. Unterwegs mit dem Zelt lebt man mit der Natur auf Tuchfühlung. In übererschlossenen Gebieten, wie in manchen Regionen der Alpen, wo weite Strecken markiert und mit als Schutzhütten getarnten Gasthausnetzen überzogen sind, wird es zunehmend schwieriger, den Hunger nach unverbrauchter Natur zu sättigen. Ich jedenfalls sauge bei meinen Touren die Urlandschaften ganz bewußt in mich ein und erfahre dabei genauso Lebensenergie wie seinerzeit an der Mutterbrust.
Den Anbetern des Geistes und des Intellekts, wie der Psychologe und Bergsteiger Ulrich Aufmuth die Kinder der Zivilisation nennt, werden Lebensfreude und Lebensenergie beim Bergsteigen durch den Körper, die Sinne und unsere instinktnahen Gefühle und Affekte vermittelt. Ich meine, die Ratio lebt nicht zufriedenstellend ohne die physiologische, emotionale Mitte in unserer Person: Ich empfinde, also bin ich – je intensiver, desto mehr!
Die Suche nach den Kraftquellen der Natur wird mich daher wohl nie in Ruhe lassen. Denn je weiter ich herumkomme, desto stärker empfinde ich mein Fernweh als die Rache des Nomaden, den wir ins Gefängnis der Zivilisation gesteckt haben. Dieser Nomade, den jeder Mensch in sich trägt, vielfach ohne ihn zu spüren, bricht aus und fordert sein Recht.
Das Vergnügen, mit dem ich reise, hat im Laufe der Jahre deshalb zugenommen, weil dabei – zunächst unbewußt, später immer bewußter – die Begegnungen mit Menschen aus anderen Kulturkreisen immer mehr in den Vordergrund traten. Ob das nun die Kaukasier Anatoli und Viktor waren, Saba, Theophilus und Eppingen aus Neuguinea, Don aus Alaska, Alejo aus Chile, Leonjo aus Peru oder Dorje aus Nepal – sie haben mein Leben enorm bereichert. Keines der Abenteuer mit ihnen, von denen ich in den folgenden Kapiteln erzählen werde, möchte ich missen.

Rechte Seite: Salbitschijen Gipfelnadel (Urner Alpen): Symbol für Klettern und Abenteuer.

Aiguille Verte und Dru (Mont-Blanc-Gebiet).

Totgesagt – Überleben der ersten Kletterjahre

Noch ein Schritt, dann, auf den Pickel gestützt, fünf schwere, schleppende Atemzüge. Schritt für Schritt, mühsam, langsam. Der Rucksack, gefüllt mit feuchtem oder gefrorenem Material, ist voller Schnee: eine unförmige Masse, die gnadenlos im Rücken drückt. In keinem Muskel ist mehr Kraft, im Körper ein flaues, schwaches Gefühl. So habe ich mir als Bub das Bergsteigen im Himalaya vorgestellt, ganz oben unter den Achttausender-Gipfeln: Spuren im tiefen Schnee, Keuchen in der sauerstoffarmen Luft, Erschöpfung bis zum Umfallen.
Wir befinden uns aber nicht im Himalaya, sondern im Mont-Blanc-Gebiet auf etwa 2500 Meter Höhe knapp unter der Nebeldecke, und zwar in der Nähe der Couvercle-Hütte (2687 Meter) an der Südseite der Aiguille Verte (4121 Meter). Auf den Steinen liegen 30 Zentimeter Neuschnee: mühseliges Spuren bis hoch zur Hütte. Wir sind zu tief abgestiegen. Im Schneetreiben haben wir den Pfad vom Gletscher zur Couvercle-Hütte verpaßt. Aufgrund der Tiefdrucklage hatte unser Höhenmesser verrückt gespielt. Ich war völlig ausgepumpt, leer, ohne Kraft – einfach fertig. Nach dem Bergschrund unter dem Whymper-Couloir, der von einer großen frischen Lawine fast zugeschüttet war, stiegen wir durch einen völlig verschneiten Eisbruch in der Fallinie ab. Meine Konzentration ließ bereits in erschreckendem Ausmaß nach. Der schnurgerade Abstieg durch den gefährlichen Eisbruch war für mich das einzige, was mich jetzt noch beschäftigte. So wenig Kraft verbrauchen wie nur irgend möglich! Ich hatte alles um mich herum vergessen, auch die Warnungen meines heftig protestierenden Begleiters Lutz Freier, um alles in der Welt nicht seilfrei im Gletscherbruch abzusteigen.
Seit 1965 studierten wir beide in Freiburg, Lutz (20 Jahre) Medizin, ich (22 Jahre) Sport. Bei vielen Touren hatten wir uns trotz der jungen Jahre eine gute Ausdauer und Fitneß erworben, und große Eistouren wie Monte-Rosa-Ostwand, Triolet-Nordwand und Matterhorn-Nordwand standen bereits auf unserer Tourenliste. Doch das interessierte jetzt nicht. Alles, was

ich über Sicherheit gelernt hatte, war wie ausgelöscht. Es ging hier um das nackte Überleben, und meine autonomen Reserven waren ziemlich am Ende. Ich folgte einer inneren Stimme und spurte den Gletscherbruch hinab. Mit etwas Glück fand ich bis unter die Nebeldecke zur Andeutung einer fast verschneiten Pfadspur. Was für eine Enttäuschung! Wir waren zu tief, hatten die Couvercle-Hütte verfehlt. Sie lag etwa 200 Höhenmeter über uns, weiter nordwestlich. Gesprochen haben wir in diesem Moment nichts, nur hinaufgeschaut, dorthin, wo die vom Schnee verdeckte Spur hinführte: zur Couvercle-Hütte. Sie war wie verschluckt vom Nebel und Schneetreiben.

Ich weiß heute nicht mehr, wie viele Stunden wir aufgestiegen sind. Nein, ein Aufsteigen war das nicht, wir krochen hinauf, und zwar im wahrsten Sinne des Wortes: auf den Knien. Ich schaffte die steileren Stufen vor der Couvercle-Hütte einfach nicht mehr im aufrechten Gang! Vor Erschöpfung und Unterkühlung gelang es mir erst nach mehreren Versuchen, die Tür mit meinen bereits gefühllosen Händen zu öffnen. Der Raum war voller Bergsteiger, die mich im ersten Moment, als ich über die Schwelle kroch, entgeistert anblickten. Ich konnte mich vor Müdigkeit nicht mal mehr auf einen Stuhl setzen und blieb einfach auf dem Boden hocken. Aus meiner vereisten Daunenjacke lief Wasser, und der unförmige Eisklumpen auf meinem Rücken wurde in der Wärme feucht.

Ich spürte nur Freude, die Freude am Leben und die Sehnsucht nach Ruhe, Geborgenheit und Wärme. All dies bedeutete uns nun, nach den letzten drei überstandenen Tagen an der Aiguille Verte, die Couvercle-Hütte: eine Oase im Unwetter. Wir waren so schwach, daß wir nicht einmal mehr reden konnten. Worte waren auch gar nicht nötig. Die Frauen und Männer von der Couvercle-Hütte gaben uns warme Getränke, die unsere Lebensgeister wieder weckten. Wir spürten ihre Freundschaft, in einem einfachen holzgetäfelten Raum mit dampfenden Schüsseln voll Tee auf dem Tisch. Unsere um Jahre gealterten Gesichter waren von den vergangenen Strapazen gezeichnet; das wenige Essen, mit dem wir gefüttert wurden, schmeckte köstlich, überanspruchte aber unsere seit Tagen leeren Mägen so sehr, daß wir alles wieder von uns gaben.

Die ungläubigen Blicke der Bergsteiger, als wir über die Türschwelle krochen, kamen nicht von ungefähr. Seit drei Tagen wurden sechs Bergsteiger vermißt, die von der Argentière-Hütte aus zur Nordostwand der Aiguille Verte aufgebrochen waren. Das Mont-Blanc-Gebiet war vom schwersten Wettersturz der Saison heimgesucht worden. Nachdem man am Mont Blanc nur einen Bergsteiger unversehrt hatte retten können – mehrere waren im Inferno des Schneesturms gestorben –, hatte man jede Hoffnung für die sechs Vermißten von der Aiguille Verte-Nordostwand aufgegeben – und uns für tot gehalten. Denn die Aiguille Verte zählt zu den schwierigsten Viertausendern der Alpen. Selbst der Abstieg ist ein 600-Meter-Couloir mit 50° Neigung, und ein Wettersturz dieser Schwere kommt daher einem Todesurteil gleich.

Nachts auf dem Lager in der Couvercle-Hütte fand ich keine Ruhe. Lange Zeit konnte ich nicht schlafen, weil ich starke Krämpfe in der Rückenmuskulatur hatte. Draußen tobte der Schneesturm die ganze Nacht weiter, unentwegt. Meine Gedanken waren oben an der Aiguille Verte: Vor drei Tagen waren wir von der Argentière-Hütte dorthin über das Couloir Couturier aufgebrochen. Wir schrieben den 1. August 1966. Die Wetterprognose verhieß nichts Gutes. Beim nächtlichen Marsch über den Argentière-Gletscher war es nicht richtig kalt, und die Sterne funkelten unruhig. Wir waren erst die dritte Seilschaft am Wandfuß, weil wir zuvor Fleißaufgaben im Gletscherbruch erledigen mußten, das heißt, den kürzesten Weg

Lutz Freier am 1. August 1966 im Wettersturz knapp unterhalb des Gipfels der Aiguille Verte.

Rechte Seite: Lutz Freier im unteren Teil des Bonatti-Pfeilers. Gefährlichster Teil der Route war der Zustieg durch das steile, steinschlaggefährdete Couloir. Beim Biwak auf dem Ringband unter dem Gipfel des Petit Dru verfolgten wir mit unserem Mini-Transistorradio die Mondlandung am 21. 07. 1969.

Das Matterhorn von Schonbühl aus. Rechts Liongrat, Mitte Zmuttgrat, links Hörnligrat. Daneben die Nordwand: Ein 1200 Meter hoher Schanzenanlauf über dem Matterhorngletscher. Diese Tour war der wichtigste alpine Meilenstein während meiner Lindauer Schulzeit.

nicht gefunden hatten. Zwei Schweizer stiegen hinter uns her, und noch am Vormittag kehrten sie um. Wir hingegen vertrauten auf unsere Ausrüstung: warme, aber leider sehr schwere Doppelschuhe, Daunenjacke, Daunenfußsack, Biwaksack und einen Kocher hatten wir dabei. Durch die schweren Rucksäcke verlangsamte sich unser Tempo, und als wir erst nachmittags in Gipfelnähe kamen, war die Sicht gleich Null. 40 Meter unter dem Gipfel, bei der letzten Spalte, brach das Unwetter mit ungeahnter Heftigkeit los.

Wir beschlossen ohne Zögern oder irgendeine Diskussion, eine Biwakhöhle in den Schnee des steilen Hangs zu graben. Mit einer Alu-Vesperdose und dem Eispickel arbeiteten wir uns mühselig in den Schnee – stundenlang. Instinktiv schaffte der vom langen Aufstieg ermüdete Körper weiter. Als wir ein kleines Loch ausgehöhlt hatten, gerade so groß, daß man sich hinhocken konnte, zwängte ich mich hinein. Es war unbequem und eng, und Lutz, der unentwegt weiterarbeitete, ermahnte mich, ihm zu helfen. Aber ich war zu müde. Der lange kraftraubende Aufstieg mit dem schweren Rucksack hatte alles von mir gefordert. Wir hatten den ganzen Tag über nur wenig getrunken und fast nichts gegessen.

Ich liege – bekleidet mit einem Daunenanzug – in dem eiskalten engen Schneeloch und möchte endlich ruhen, da bricht die ganze Hangseite unserer Höhle ein und begräbt meine Schuhe, Steigeisen, Seile, Rucksäcke und den Kocher unter feinem Schnee wie in einem weißen Grab. Später, als ich aufwache, wird mein Körper von der Kälte geschüttelt, die Zähne klappern. Ich kann den Schüttelfrost nicht unter Kontrolle bringen. Wahrscheinlich bin ich etwas unterkühlt. Eisiger Schnee liegt auf meinem Gesicht. Es ist völlig dunkel, und nur leise dringt das schneidende Geräusch des Schneesturms an mein Ohr. In meiner Angst rufe ich nach Lutz. Keine Antwort. Nur das monotone Heulen des Sturms. Wie oft habe ich gerufen? Es ist weit nach Mitternacht, als Lutz mich aufweckt. Er hatte ein anderes Loch in den Hang gegraben, gleich neben meinem »weißen Grab«. Anfangs habe ich das gar nicht bewußt wahrgenommen. Ich war schon viel zu gleichgültig und abgestumpft, nur noch träge, ein langsames Dahindämmern.

Alles erschien mir so sinnlos: der Schneesturm, der schwierige und gefährliche Abstieg von der Aiguille Verte. Ich war verzweifelt, mutlos und ohne Willen. Dann half Lutz mir in die Schneehöhle, die er inzwischen Stunde für Stunde, die halbe Nacht lang, nur mit einer Alu-Vesperdose aus dem Hang gegraben hatte. Als erstes machten wir Tee. Die heiße, stark gesüßte Flüssigkeit gab mir meine normale Vitalität zurück. Von diesem Augenblick an bekam ich wieder Mut. Genau so viel, um dieses Abenteuer überstehen und das hier oben drohende Drama, nämlich elendiglich zu erfrieren, abwenden zu können. Meine Steigeisen und die Seile lagen mitsamt meinen Schuhen in der eingebrochenen Höhle unter dem Schnee begraben. Für die Atemluft hatten wir eine kleine tennisballgroße Öffnung in die Höhlenwand gebohrt, und so hörten wir, daß am anderen

Morgen der Schneesturm noch heftiger war. Wir suchten erfolgreich nach dem verschütteten Material, und später bauten wir unser Refugium geräumiger aus. Unangenehm war, daß wir den Gaskocher nicht mehr anzünden konnten. Durch die Arbeit im Schneeloch waren die Zündhölzer feucht geworden. Alle Versuche, sie zu trocknen, blieben erfolglos. Wir probierten es an den wärmsten Körperstellen: unter den Achseln, in der Unterhose und hinter den Ohren, umsonst. Mit Bitterkeit dachte ich an die Unachtsamkeit, kein Feuerzeug mitgenommen zu haben. Nachts bastelte ich mit dem Kompaß eine Marschskizze. Am nächsten Tag mußten wir weiter, aber ohne Flüssigkeit brachten wir das Essen einfach nicht runter: Speck, Schokolade, Müsli. Wir saßen hungrig vor einem »gedeckten Tisch« – und wurden immer schwächer. Die Richtung vom Gipfel runter war für den Abstieg ganz wichtig, nur das Whymper-Couloir versprach einen schnellen Abstieg, und da durften wir den richtigen Abstiegsgrat nicht verfehlen. Auch am dritten Tag war die Heftigkeit des Unwetters unvermindert, so daß wir unbedingt weg mußten von diesem Platz. Schweigend aßen wir morgens Müsli, das Lutz hergerichtet hatte. In Gedanken war ich beim Aufstieg der letzten 40 Meter zum Gipfel und beim folgenden Abstieg im Whymper-Couloir. Würden Schneebretter darin hängen? Ich spürte gar nicht, daß das Müsli etwas flüssig war. Es schmeckte so salzig-bitter. Da es aber meinen ausgedörrten Rachen hinunterrutschte, machte ich mir keine großen Gedanken. Erst später, wir waren schon beim Abstieg, fragte ich Lutz, wie er das Müsli angerührt habe. Mit großen Augen sah er mich lange an und schwieg. Nach einer Weile bemerkte er trocken: »Bei gesunden Menschen ist der Urin steril.«

Wir beschlossen also, aus dem Loch auszubrechen und unser Glück in der Aktivität zu suchen. Die Rollen waren genau einstudiert: jeder kannte seinen Part. Ich mußte spuren, die Route suchen, und Lutz war der Mann fürs Grobe. Mit seinem breiten Kreuz konnte er viel schwerere Rucksäcke schleppen als ich. Mit seinem manchmal schon an Sturheit grenzenden Gleichmut war er der richtige Partner für die häufig sich verschlingenden Seile. Aber als es einmal ganz schlimm mit dem Seilsalat war, konnte ich ihn nur in letzter Sekunde davon abhalten, es Alexander dem Großen beim Lösen des Gordischen Knotens gleichzutun. Widerwillig steckte Lutz sein Taschenmesser wieder ein.

Kaum drei Meter sah man im Sturm. Ich suchte lange nach der richtigen Route zum Gipfel, mehr mit dem Mut eines Verzweifelten als mit Ausdauer und System. Die Eiskristalle flogen waagrecht daher und brannten auf der Gesichtshaut; Bart, Augenbrauen und Lider waren zu Eisklumpen verklebt. Lutz saß in unserer etwa zwei Meter tiefen Höhle und sicherte, während ich mich 40 Meter über einem steilen, bei jedem Tritt gefährlich dröhnenden Schneeschild aus Triebschnee zu einer Firnspitze hocharbeitete. Sekunden später stand ich auf dem Gipfel. Ich zog dreimal am Seil, das verabredete Zeichen für

Der Freiburger Kletterer Volker Krempin im Bonatti-Pfeiler auf der Suche nach Wasser.

Lutz, nachzusteigen! In diesem Inferno war eine andere Verständigung nicht möglich.

Den Abstiegsgrat zum Whymper-Couloir suchte ich mit dem Kompaß. Dort ließ eine Stunde später der NW-Sturm nach, und wir waren etwas geschützt. Nebel, Schneefall und kleinere Lawinen begleiteten unseren Weg in die Tiefe. Weiter unten war der Schneehang sehr steil. In unserem erschöpften Zustand war es ein Problem, ohne Sicherung abzusteigen. Ein Sturz ist hier nicht zu halten. Aber der Nebel war für unsere Psyche von Vorteil. Man sah nicht, wie weit das Couloir in die Tiefe stürzte. Ich ritzte Höcker in das Eis, um das Seil darüberzulegen und um dann daran abzuseilen. Im unteren Teil war eine Lawine abgegangen und hatte den etwa zehn Meter breiten Bergschrund zu unserem Glück vollständig zugeschüttet. Es konnte noch nicht lange her sein, denn der Schnee war noch ganz weich. Für uns war das günstig: wir waren unten in der Nähe der rettenden Couvercle-Hütte. Die vermißten Österreicher und Franzosen wurden dagegen wahrscheinlich von der Lawine in den Bergschrund gerissen. Sie sind bis heute nicht mehr aufgetaucht.

Lutz und ich bildeten auch weiterhin ein Gespann in den Bergen. Immer wenn es unsere Zeit neben dem Studium erlaubte, waren wir unterwegs. 1968 konnten wir einen schönen Erfolg an den Grandes Jorasses einheimsen. Obwohl das Wetter die ganze Saison schlecht blieb, durchstiegen wir während einer kurzen Schönwetterperiode den damals völlig vereisten Walkerpfeiler. 1969 waren wir dann wieder in der Nähe der Aiguille Verte: Der südwestliche Felspfeiler der Aiguille du Dru mit seinem 1000 Meter hohen Granitmonolith hatte es uns angetan. Bei warmem Sommerwetter, ohne eine einzige Wolke am Himmel, kletterten wir eine der interessantesten Routen der Alpen, den Bonatti-Pfeiler. Die Lichter von Chamonix schienen beim Biwak am Ringband unter dem Dru-Gipfel zum Greifen nah, und doch war das Tal für uns unendlich weit weg, fast so weit wie der Mond, der an diesem Abend gerade zum ersten Mal menschlichen Besuch von Herrn Armstrong bekam.

Mit Lutz verband mich seither ein festes Band der Freundschaft. Später war er mit dabei, als ich in Alaska auf den Mount Hunter und den Mount McKinley wollte. Und obwohl wir uns einmal fast zehn Jahre lang nicht mehr gesehen hatten, war es beim Wiedersehen so, als wären gerade erst ein paar Monate vergangen. Er schien genausowenig verändert wie ich. Wir waren uns beide nicht fremd geworden. Beide hatten wir aus demselben Jungborn geschöpft: Abenteuer am Berg.

»Man hat durchaus die Möglichkeit, zwanzig oder dreißig Jahre hindurch großen Alpinismus intensiv zu betreiben und schließlich an Altersschwäche zu sterben; dabei ist es am schwierigsten, die ersten vier bis fünf Jahre heil zu überstehen«. (Lionel Terray)

Für mich war dies nun schon das zweite Mal, daß man mich totgesagt hatte, und es sollte nicht das letzte Mal bleiben. Zuvor schon einmal war dies der Fall, als ich 1963 mit dem Vorarlberger Kletterer Paul Eder zwischen zwei italienischen Seilschaften die eisgepanzerte Roseg-Nordostwand durchstieg. Die Italiener vor uns stürzten die ganze 700 Meter hohe Eiswand ab. Ihre Freunde, die hinter uns kletterten, waren so vom Schreck gelähmt, daß sie sich nur noch an unser Seil binden konnten, um auf den Gipfel und über den leichten Vierereslsgrat wieder hinunterzukommen. Auf der Tschierva-Hütte hatte man den Absturz beobachtet und die zusammengeschlossene Viererseilschaft, in der wir uns befanden, irrtümlich für die Italiener gehalten. In den Nachrichten kam abends die Meldung: Paul Eder und ich seien am Piz Roseg abgestürzt. Bloß gut, daß dies meine armen Eltern nicht gehört hatten!

Erst bei unserer Ankunft an der Hütte wurde der Irrtum aufgedeckt. Den beiden Ehefrauen der Opfer war das blanke Entsetzen in die Gesichter geschrieben. Doch wir konnten ihnen keinen Trost geben.

Ausgangsort vieler Mont-Blanc-Klettereien war die grüne Wiese bei Les Praz de Chamonix (heute Golfplatz). Volker Krempin (links) und Lutz Freier träumen noch vom Frühstückskaffee.

4000 Meter tiefer: die Massai-Ebene, von den Northern Icefields des Kilimanjaro aus gesehen. Hier fand der Kosakenoffizier Reusch 1926 das gefrorene Gerippe eines Leoparden.

Per Zufall auf den Kilimanjaro

Als neunjähriger Junge lebte ich ein Jahr bei meinem Großvater Peter Giffels in der Gartenkolonie »Steuerndieb« bei Hannover. Wenn die Schulzeit im Vorort Buchholz auch nicht einfach war – die arroganten Hannoveraner hänselten mich ständig wegen meines süddeutschen Dialekts –, so prägte mich dieses Jahr in zweierlei Hinsicht: Peter Giffels war in seiner Jugend Radrennfahrer gewesen und hatte zusammen mit Willy Schmitters noch vor Beginn des Ersten Weltkrieges die Deutsche Meisterschaft im Steherrennen gewonnen. Wie viele Rheinländer war er ein Gemütsmensch. Er nahm mich mit auf die Rennbahn, besuchte mit mir die Eilenriede-Rennen, und sonntags verfolgten wir gebannt die Stimme des Fußballreporters im Radio. Sport wurde für mich die faszinierendste Sache auf der Welt.

Bevor der Großvater die Großmutter heiratete, hatte er in der kaiserlichen Marine als Obermaat auf einem Kanonenboot gedient, das in China auf der Halbinsel Kiautschau stationiert war. Die vielen Postkarten aus dem Reich der Mitte und Großvaters Erzählungen regten meine Fantasie so sehr an, daß ich von fernen Ländern zu träumen begann. Die Sehnsucht nach der Ferne konnte damals nur mit dem Einkleben von Bildchen in ein Afrika-Album einer Margarine-Firma gestillt werden. Oder mit einem Buchgeschenk zu Weihnachten wie »Heinz Helfgen radelt um die Welt«. Mein Großvater verstarb Ende 1968 und vermachte mir etwas Geld, mit dem ich meinen Kindheitstraum in die Tat umsetzen konnte. Er muß meine Leidenschaft geahnt haben, und er war es auch, der mich gegen meinen Vater bei der Durchsetzung meines Berufswunsches unterstützte: »Laß de Jung' doch maache!«

Fünf Monate vor dem Tod meines Großvaters hatte ich in Chamonix mit Lutz den Jorasses-Pfeiler geklettert. Mit ein paar Slowenen unter Tone Skarja waren wir die einzigen, denen in diesem Sommer diese große Alpentour gelungen war, was in Chamonix für Aufsehen sorgte. Pierre Mazeaud, damals Minister für Jugend und Sport in Frankreich und selber begeisterter

Bergsteiger, lud mich deshalb für ein paar Tage in sein Chalet ein. Bei ihm lernte ich eine Südfranzösin kennen: Paulette aus Pau. Alle nannten sie nur kurz »Popo«. Sie hatte mir verraten, daß sie nach Afrika wollte. Geplant war nicht etwa die Besteigung des Kilimanjaro: Klettern stand auf dem Programm. Richtiges alpines Klettern war, in unmittelbarer Nähe des Äquators, am Mount Kenya möglich. Eine echte Herausforderung, denn nur schwierige Kletterrouten führen auf die Gipfel dieses Fünftausenders in den Tropen!

In zwei Tagen stiegen wir durch alle Landschaften dieser Erde: tropischen Regenwald, Erikaheide, Hochlandmoore mit Tussok-Gras, Steppe und Geröllwüsten, bis wir die kleine Top Hut am Rande des Lewis-Gletschers erreichten. Die beiden Träger Alexander und Patterson aus Naru Moru halfen uns, das Material hinaufzutragen. Wir waren froh, daß wir ein kleines Zelt aufstellen konnten, denn die bescheidene Biwakhütte war mit Münchner Bergsteigern, die einen Tag vor uns angekommen waren, überfüllt. Popo litt arg unter der Höhe und konnte unmöglich klettern. Deshalb stieg sie mit unseren beiden Kikuyus wieder hinunter und beabsichtigte, eine Safari in die ostafrikanischen Tierreservate zu unternehmen.

Ähnlich wie der Kilimanjaro wurde der Mount Kenya um die Mitte des 19. Jahrhunderts von Missionaren entdeckt. Der Tübinger Johann Ludwig Krapf war der erste weiße Mann, der den Berg am 3. Dezember 1849 zu Gesicht bekam. Krapf arbeitete für den Anglikanischen Missionsdienst und verlor schon wenige Monate nach der Ankunft in Mombasa Frau und Kind, die beide Opfer der Malaria wurden. Aber Krapf hielt unbeirrt an seiner Aufgabe fest, die Bibel ins Suaheli zu übersetzen. Als der Bericht von Krapf und Rebmann, Schnee auf den Gipfeln

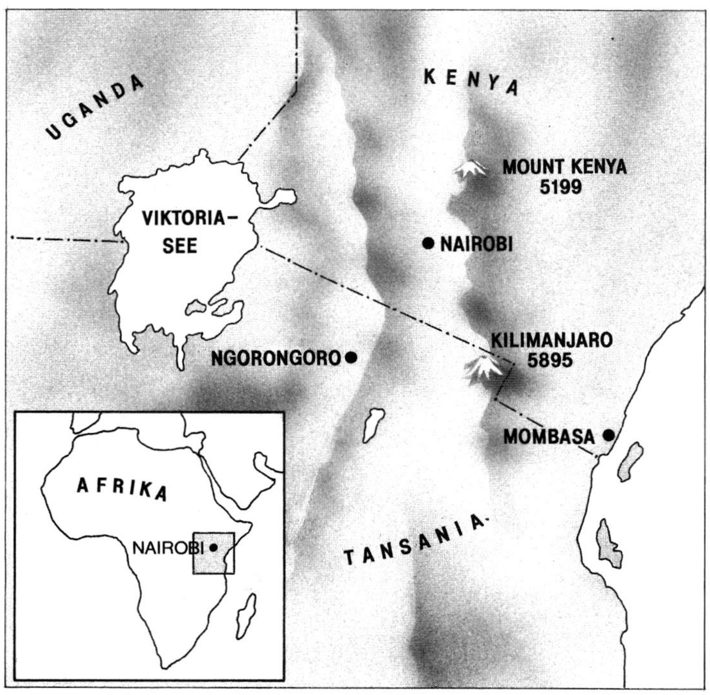

von Mount Kenya und Kilimanjaro gesehen zu haben, die Royal Geographic Society in London erreichte, schenkte man ihnen keinen Glauben und lachte sie aus! Federführend waren Geographen, die nie die britischen Inseln verlassen hatten!

Die beiden Gipfel des Mount Kenya sind nach Söhnen des großen Häuptlings Ngai benannt: Nelion und Batian. Um ihn herum liegt das Stammesland der Kikuyu. Der riesige Berg spielte schon in ihrer frühesten Geschichte eine wichtige Rolle. Ihr Leben war unmittelbar mit ihm verbunden. Er brachte ihnen den notwendigen Regen und sicherte ihre Existenz. In langen Dürreperioden opferten sie ihm Lämmer und Ziegen. Die Geschichte von Ngai und den Kikuyus erklärt am deutlichsten die Bedeutung des Mount Kenya. Kein Geringerer als Mzee Jomo Kenyatta, der 1963 Kenyas erster Präsident wurde, hat sie in dem Buch »Facing Mount Kenya« beschrieben:

»In unserer Stammesgeschichte wird erzählt, daß am Anfang, als die Menschen die Erde bevölkerten, der Stammesbegründer Kikuyu vom großen Häuptling Ngai gerufen wurde, um das Land mit allen Schätzen der Natur von ihm zu empfangen. Zur selben Zeit formte Ngai einen großen Berg, den er Mount Kenya nannte. Als Sitz des großen Häuptlings und als sichtbares Zeichen seiner Wunderkraft. Er nahm den Kikuyu mit auf den geheimnisvollen Berg und zeigte ihm die Schönheit des Landes, das er ihm gegeben hatte. Bevor sie sich trennten, sprach Ngai zu Kikuyu. Wann immer in Not, solle er opfern und seine Hände zum Berg erheben, und der Schöpfer der Natur würde ihm helfen.«

Als die ersten Bergsteiger 1899 an den Mount Kenya kamen (Mackinder, Ollier, Brocherel), waren die Kikuyus wenig erfreut; es kam zu Kämpfen, bei denen sieben Mann niedergemetzelt wurden. Mackinder bestieg mit seinen Courmayeur-Führern den Batian. Erst 1929 wurde der Nelion von Eric Shipton und Wyn Harris bestiegen. Doch zurück zu unserer Tour.

Als ich mich zwischenzeitlich schon mit dem Gedanken angefreundet hatte, die Südostwand des Nelion alleine zu klettern, sprach mich einer der Münchner Bergsteiger an: sein Partner hätte ebenfalls Probleme mit der Höhe, und ob er sich nicht mir anschließen könne. Ich erfuhr, daß er Benno hieß, das war alles! Es ist nicht notwendig, den Aufstieg zum Nelion zu beschreiben, und daß ich am Shipton's Crack furchtbar schnaufen mußte, unterstreicht höchstens die Kletterkünste von Shipton. Oben am Nelion-Gipfel bestand Benno darauf, ein Nickerchen zu machen. Er hatte sich bisher tapfer geschlagen, und mir paßte das ausgezeichnet in meine Pläne. Ich kletterte über die Scharte »Gate of the mists« noch auf den Batian und wieder zurück. Benno schlief immer noch tief und mußte erst wachgerüttelt werden, um nicht den Abstieg zu verschlafen. Denn dieser hatte es in sich: die ganze Aufstiegsroute mußte abgeseilt werden. Abseilachter gab es damals noch nicht, so fuhren wir alles im »Karabinersitz« in die Tiefe. Viele Abseilstellen waren in einem wenig vertrauenerweckenden Zustand. Bei manchen Schlingen hatte ich gar den Verdacht, daß sie noch

Kilimanjaro über den Schirmakazien des Amboseli-Nationalparks.

die Tage von Eric Shipton gesehen hatten. Große Kletterer wie der Dolomitenspezialist Emilio Comici waren beim Abseilen abgestürzt, weil die Verankerung nicht hielt. Das veranlaßte mich, zusätzliche Haken zu schlagen, oder ich sicherte die vorhandenen mit über Felszacken gelegten Schlingen ab. Etwa in der Gegend des Mackinders Gendarme, dort, wo sich die Route Mackinders in Richtung Diamond Icefield zum Batian hin wendet, hörten wir Hilferufe. Unter uns stand der Münchner Kletterer Fritz Denkscherz, dessen Arm so sehr durch Steinschlag verletzt worden war, daß er nicht mehr abseilen konnte. Da traf es sich natürlich gut, daß ich ein Achtzig-Meter-Seil dabei hatte. Über einen Bremsknoten konnte ich Fritz immer 80 Meter ablassen, ohne daß er seinen verletzten Arm strapazieren mußte. Sein Seilpartner hing mit ihm am Seil und dirigierte ihn in die richtige Richtung. Die Münchner Gruppe der Sektion Hochland, die von Otto Moser und Gustl Bernatz geleitet wurde, war von der Top Hut über den Lewis-Gletscher an den Einstieg geeilt und kümmerte sich um Fritz. Sie waren sehr erleichtert, daß dieser Unfall so glimpflich ausgegangen war. Als Dankeschön für meine Abseilaktion luden sie mich zu einer Kilimanjaro-Besteigung ein und als Dreingabe zu einer Fahrt durch die Nationalparks Tanzanias. So kam ich per Zufall zum Kilimanjaro.

Bei Loitokitok am Nordfuß des Kilimanjaro überschritten wir die grüne Grenze im Regenwald nach Tanzania. Die anfängliche Pfadspur verlor sich bald in einem undurchdringlichen Urwald, durch den sich unsere Chagga-Träger den Weg mit der Machete bahnten. Abends stellten wir unsere Zelte mitten im dichtesten Dschungel auf. In der Dämmerung wurde es im Regenwald lebendig: Kreischen, Schreie und Vogelgezwitscher. Die Bewohner hoch oben in den Bäumen waren furchtbar aufgeregt ob der Besucher da unten. Es war richtig spannend und abenteuerlich. Genauso hatte ich mir als Bub Afrika vorgestellt.

Bei den Münchnern fühlte ich mich wohl: Sie waren immer guter Stimmung, und ich hatte den Eindruck, daß sie eine Gruppe von Freunden waren. Sie behandelten mich wie einen der ihren. Noch Jahrzehnte später, wenn ich Gustl Bernatz traf, dachte ich mit Dankbarkeit an dieses Erlebnis zurück.

Ähnlich wie am Mount Kenya durchschritten wir in drei Tagen

Regenwald am Nordfuß des Kilimanjaros bei Loitokitok.

alle Landschaften der Erde. Erika, die in Europa vielleicht 30 Zentimeter hoch wird, war hier baumhoch, und das etwa 20 Zentimeter hohe Kreuzkraut hat hier einen Vetter (Senecio), der eine Höhe von sechs bis sieben Metern erreicht. Johanniskraut schafft sogar sage und schreibe 15 Meter! »Gullivers Reise« wurde für uns Wirklichkeit.

In etwa 3800 Metern Höhe fanden unsere Träger als Unterschlupf für die Nacht eine Erdhöhle unter einem dicken Dach von erkalteter Lava. Auf dem Sattel zwischen Mawenzi und Kibo trafen wir auf eine Wegspur in der Lavawüste, die von Marangu kam. Sie führte schnurstracks zu einer einfachen Unterkunftshütte: Kibo Hut auf 4700 Meter, daneben ein paar silbern in der Sonne glänzende Wellblechverschläge. Alles war in einem desolaten Zustand. Wir stellten unsere Zelte auf, so wie wir es gewohnt waren. Mit dem wenigen Wasser – die letzte Quelle war unter 4000 Meter – mußte man sparsam umgehen, und im Schatten der Zelte erwarteten wir die Nacht. Sie versprach nicht nur einen funkelnden Sternenhimmel und einen Blick auf das legendäre Kreuz des Südens, sondern wegen ihrer Kühle auch einen zügigen Aufstieg über die Lavahänge bis zum Kraterrand. Einer der Münchner lief mit mir regelrecht im Laufschritt hinauf. Es machte richtig Spaß, und ich fühlte zum ersten Mal, daß ich mich beim Bergsteigen in größeren Höhen leicht tat. Auf dem Uhuru Peak (5885 Meter) ging gerade die Sonne auf. Unter uns die Ebenen der ostafrikanischen Steppe. Ein majestätischer, grandioser Anblick, den ich nie vergessen werde.

Für den Aufstieg von der Kibo-Hütte, der etwa 1200 Höhenmeter umfaßt, waren wir keine vier Stunden unterwegs gewesen. Am 22. Februar 1969 – ein Prachttag – war das Wetter blendend und wir noch voller Tatendrang! Nördlich vom Gipfel lag ein riesiger Krater, etwa einen Kilometer im Durchmesser. Über mehrere konzentrische Wälle deutete sich ein großes Loch an. Wir wollten bis zum untersten Kraterboden absteigen. Schwefeldämpfe stiegen aus der Erde, und der stechend beißende Dampf nahm uns manchmal den Atem. Der Vulkan war nur scheinbar erloschen. An manchen Stellen blubberte gelber Schwefeldampf hoch, und vielerorts sanken wir bis über die Knöchel im heißen Schwefel ein. Eine eigenartige Spannung entstand in mir. Ich hatte das Gefühl, lediglich auf einer hauchdünnen, in der Kälte erstarrten Lavakruste zu stehen, die jederzeit einzubrechen drohte – unter mir nur glühender Lavabrei. Damals fühlte ich es ganz genau: der Vulkan des Kilimanjaro schläft nicht, er ruht sich nur aus.

Wegen des bröseligen Lavagesteins war es gar nicht so einfach, aus dem innersten Krater (ash pit) herauszukommen. Über die »Northern Icefields« kehrten wir etwas nördlich vom Leopards Point an den Kraterrand zurück. Tief unter uns waren über der Massai-Ebene Tausende kleiner Federwolken aufgezogen. Sie verstärkten noch den Eindruck, hoch über der Savanne zu »schweben«. 1926 war von Pfarrer Reusch, der früher in der zaristischen Armee als Kosakenoffizier gedient hatte, hier oben ein erfrorener Leopard gefunden worden. Niemand weiß,

Fata Morgana am Horizont: Kilimanjaro über der Massai-Steppe.

Oben links: Im ostafrikanischen Regenwald: Nektarvogel.
Oben rechts: Riesenlobelie (Lobelia bequaertii).
Mitte links: Riesenlobelie kurz vor der Blüte.
Mitte rechts: Männlicher Nektarvogel (Nectarinia johnstonii) an den Blüten einer Lobelia wollastonii. Dieser Vogel besetzt in der »alpinen Zone« die ökologische Nische der Kolibris und ist für die Bestäubung der Riesenlobelien verantwortlich.
Unten links: Senecio johnstonii und Lobelia wollastonii. Nachts schließen sich die Blätter und schützen, die empfindlichen Vegetationspunkte vor den Nachtfrösten.

Oben: Erdhöhle unter einem Dach erkalteter Lava auf der Loitokitok-Route des Kilimanjaro.
Mitte: Lavawüste unterhalb der Kibo-Hut.
Unten: Gerhard Meyer kurz nach Sonnenaufgang auf dem Uhuru Peak (5895 Meter) des Kilimanjaro am 22. 02. 1969.

Rechte Seite: Eiskaskaden auf dem Lavagestein des Kilimanjarokraters.

was das Raubtier in 5800 Meter Höhe gesucht hat, wo der Sauerstoffdruck im Vergleich zur Meereshöhe um mehr als die Hälfte reduziert ist.
Wir passierten die Grenze zu Tanzania zwischen Loitokitok und Naranjo. Die Chaggas haben in dieser Region den fruchtbaren Vulkanboden in blühende Bananen- und Kaffeeplantagen verwandelt. Bevor wir eine Safari durch die Nationalparks von Lake Manjara, Ngorongoro und Serengeti starteten, besuchten wir in Arusha ein Restaurant. Das Essen und seine Folgen möchte ich so umschreiben: kurz gefreut und lang gereut. Mehrere wurden Opfer einer üblen Dysenterie, darunter auch Otto Moser und ich. Ihn traf es besonders hart. Die Dysenterie schaffte uns jedenfalls so sehr, daß wir die ersten Tage der Safari nicht mitbekamen und völlig geschwächt auf den Rückbänken der Safaribusse lagen. Benno Stampfl, mein Seilpartner von der Nelion-Südostwand, wußte aber, wie man solche Fälle behandelt. Er war immerhin Ordinarius für Pathologie an der Münchner Universität. Nach einiger Zeit Fasten bekamen wir geriebenen Apfel und etwas Zwieback. Benno umsorgte uns wie eine Krankenschwester. Nie hatten wir den geringsten Zweifel an der Wirksamkeit seiner Methode. Er strahlte soviel natürliche Autorität aus und muß ein sehr guter Arzt gewesen sein!
In späteren Jahren führte ich über die Marangu-Route Trekkinggruppen auf den Kilimanjaro. Inzwischen hatte man einen Nationalpark eingerichtet, verlangte Besteigungsgebühren und »zockte« die Touristen gewaltig ab. Wir mußten immer einen Führer mieten, für den Führer mehrere Träger, die sein Gepäck transportierten, für diese Träger wiederum andere, die ihnen die Wasserlasten schleppten ...
Bedenkt man diese unerfreulichen Begleitumstände, so bleibt nur ein Urteil übrig: Andere Berggruppen Afrikas haben mehr zu bieten, wie zum Beispiel das Urwaldabenteuer am Ruwenzori (5109 Meter) an der Grenze zwischen Uganda und Zaire. Oder das Hoggar-Gebirge in der Sahara-Wüste, das ich 1970 mit Kletterern aus dem Bodenseeraum besuchte.
Heute würde ich mir den Kilimanjaro am liebsten von unten ansehen, und zwar vom Tsavo-Park aus: im Schatten einer Schirmakazie liegend und von den blinkenden Schneefeldern träumend, die 4000 Meter hoch über der Massai-Steppe wie eine Fata Morgana am Horizont stehen.
Schrieb doch Walter Flaig schon 1924: »Mit der Erschließung wird dem Gebirge der romantische Zauber der Ursprünglichkeit und der Einsamkeit geraubt. Und doch suchet ihr gerade dies!«

Teniente Isturiz (links) im Büßerschnee des Aconcagua-Gletschers bei Plaza de Mulas.

Teniente Isturiz: Aconcagua

Anfang 1971 hatte ich mein Studium in Freiburg beendet und nach dem Sportlehrerexamen noch einen Doktorhut in Naturwissenschaften erworben. Letzteres mehr, um den Wunsch meiner Eltern zu befriedigen, denn mein Vater legte als Ingenieur großen Wert auf eine akademische, von einem Titel gekrönte Ausbildung. Mit meiner Leidenschaft für den Sport konnte er sich nicht anfreunden, und die Besessenheit, mit der ich senkrechte Wände hochkletterte, war ihm unheimlich. Da er aus dem norddeutschen Tiefland stammte, hatte er gar keinen Bezug zum Bergsteigen.

Bei meinen Bergtouren in Afrika hatte ich die Luft der weiten Welt geschnuppert und weiteren Appetit auf Fernreisen bekommen. So nahm ich gerne das Angebot einer Münchner Reiseagentur an, ein Dutzend Bergsteiger auf den Aconcagua zu führen – dies um so lieber, als ich neben der Gratisreise ein kleines Taschengeld dafür bekommen sollte. Im Dezember 1971 war es endlich soweit: nach Afrika durfte ich nun den südamerikanischen Kontinent erkunden.

Der Aconcagua ist der höchste Berg der westlichen Hemisphäre und 6959 Meter hoch. Er liegt in Argentinien knapp an der Grenze zu Chile nur wenig von der Millionenstadt Santiago entfernt. Ich sollte die Reise organisieren, weshalb ich innerhalb kürzester Zeit Spanisch lernte.

Der Aufstieg auf dem Normalweg ist technisch leicht. Ein Pfad, der 500 Meter unter dem Gipfel endet, und eine Reihe von Biwakschachteln erleichtern den Anstieg sehr, verführten aber bisher viele Bergsteiger, zu schnell und ohne entsprechende Akklimatisation in die sauerstoffarme Luft aufzusteigen. Den Rest besorgt dann der berüchtigte »viento blanco« (Schneesturm), vom kalten Humboldt-Strom des nahen Pazifik kommend. Er kann in kurzer Zeit einen Temperatursturz bewirken und ist eine der Ursachen für die vielen Toten, die es bis zu unserer Ankunft im Dezember 1971 hier gegeben hatte. Der kleine Friedhof in Puente del Inca am Fuß des Aconcagua ist übersät mit Kreuzen für erfrorene und an Erschöpfung gestorbene Bergsteiger. Ich war der Jüngste der Gruppe, gerade mal 29 Jahre alt, und wurde wegen meiner Jugend gar nicht richtig ernst genommen, als ich auf diese Gefahren aufmerksam machte.

Zuerst absolvierten wir ein einwöchiges Akklimatisations-Programm in Portillo an der Andenpaßstraße. Es war die Zeit des politischen Umbruchs in Chile unter Salvador Allende. Wir bekamen das vor allem im Hotel Portillo zu spüren. Es gab weder Brot noch Brötchen, weil das Mehl knapp war, dafür quoll das Kühlhaus vor Fleisch über, das aus Argentinien importiert worden war. Hotelmanager David meinte es gut mit uns, als er für die Weiterreise sechs prächtige Truthähne einpacken ließ. Aber in der Hitze der Anden war das Fleisch innerhalb von zwei Tagen verdorben.

Mehrere Teilnehmer meiner Gruppe ließen sich auch prompt von dem einfachen Gelände am Aconcagua zu einem viel zu raschen Aufstieg verführen. Sie hatten meine Warnungen nicht ernstgenommen. Es war bitter für sie, mit allen Symptomen der Bergkrankheit 1000 Meter unter dem Gipfel umkehren zu müssen, obwohl sie durchtrainierte Sportler waren. Trotz Ruhepause am Basislager konnten sie sich nicht mehr für einen nochmaligen Aufstieg erholen.

Die eigentliche Schlüsselposition bei unserem Unternehmen nahm der uns zugeteilte Offizier ein: Teniente Isturiz. Der Aconcagua war damals der einzige Berg in ganz Amerika, für den man eine Genehmigung brauchte. Dies war kein Bürokratenstreich, um, wie inzwischen in Mode gekommen, nach Raubritterart Gebühren zu verlangen. Nein, sie diente nur der Sicherheit der Gipfel-Aspiranten!

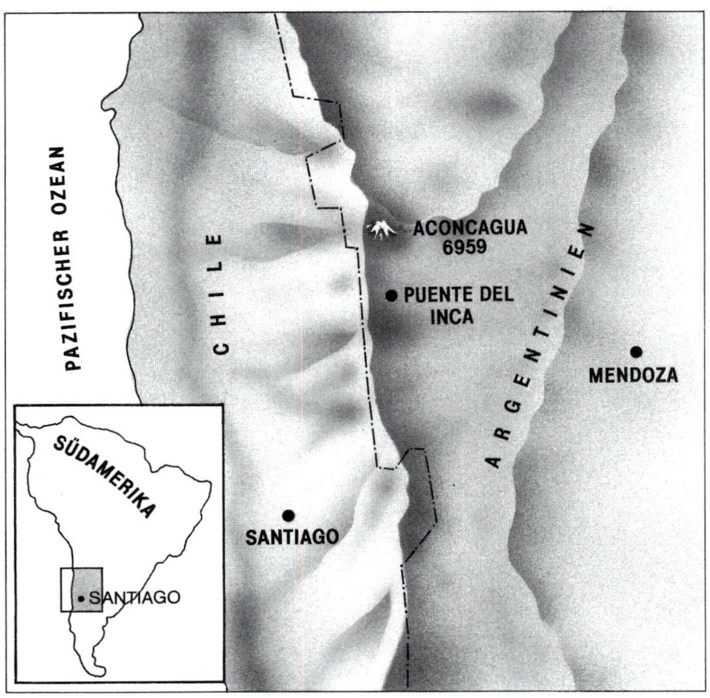

Bergsteiger-Friedhof bei Puente del Inca.

Isturiz war ein Vollblut-Argentinier, mit dem ich mich blendend unterhalten und amüsieren konnte – vom ersten Augenblick an war er mir sympathisch. Wir fuhren zusammen die endlose Eisenbahnstrecke am Rio Mendoza entlang bis zur gleichnamigen, am Fuße der Anden gelegenen Stadt, um dort mit der für die Sicherheitsüberprüfung zuständigen Feuerwehr Kontakt aufzunehmen. Leutnant Isturiz führte mich aber nicht sofort zu den Floriansjüngern, er meinte, das hätte Zeit bis zum nächsten Tag, ich müßte von ihm erst mal in das Nachtleben von Mendoza eingeführt werden. Der Teniente war überall bekannt und Hahn im Korb. Er klapperte mit mir die besten Restaurants und die vornehmsten Tanzclubs ab, und überall war ich sein Gast, ohne daß ich mich hätte revanchieren können. Der für den nächsten Morgen ausgemachte Termin beim Feuerwehrhauptmann wuchs sich zu einem südamerikanischen Frühschoppen aus. Die Genehmigung interessierte nur am Rande. Immerhin wurde sie zum Grund eines Ausflugs nach Puente del Inca deklariert, das wir vier Tage später wieder erreichten. Ein Hotel gab es in Puente del Inca damals (1971) nicht. Die einzige Unterkunft war das Offizierskasino der an der Grenze wachenden Gebirgsjägerkompanie. Der Kommandant, ein Capitano, hatte schon sorgfältig unsere Ausrüstung überprüft, allerdings in erster Linie, um seine eigene zu vervollständigen. Es war üblich, dem höchsten Offizier als Gegenleistung für die Gastfreundschaft mit Geschenken aufzuwarten. Die Feuerwehrleute genossen ihren Ausflug nach Puente del Inca in vollen Zügen und nahmen schließlich für alle Fälle unsere Fingerabdrücke, bevor sie fröhlich wieder nach Mendoza zurückfuhren.

Der Anmarsch zum Berg sollte mit Maultieren erleichtert werden. Wir sattelten eigenhändig die zwar störrischen, aber ausdauernden »Ersatzmustangs« und luden unser gesamtes Gepäck auf. Der Ritt durch das 38 Kilometer lange Horcones-Tal wollte kein Ende nehmen. Ich bewunderte Teniente Isturiz, wie er es schaffte, daß unsere gesamte Ausrüstung, bis auf eine

Ritt durch das 38 Kilometer lange Horconestal von Puente del Inca nach Plaza de Mulas.

abgestürzte Ladung mit Küchengeschirr, abends die kleine Baracke am Basislager (Plaza de Mulas) in 4200 Meter Höhe erreichte. Isturiz half uns, wo er nur konnte: er organisierte sogar einen Mulitransport bis hinauf nach Plantamura (etwa Gipfelhöhe des Kilimanjaro), wo das Berliner Arztehepaar Albrecht für höhenphysiologische Untersuchungen eine winzige Baracke mit einem auf das Dach gemalten grünen Kreuz aufgestellt hatte. Heute heißt dieser Ort Plaza Berlin.

Isturiz hatte ein kleines Geheimnis, das er zwar gut hütete, das aber dennoch wenig später aufgedeckt werden sollte. Seit Jahren war es sein brennender Wunsch, es seinem gestrengen Capitano gleichzutun und den Aconcagua zu besteigen. Der Kommandant hatte nämlich bisher als einziger der Gebirgsjägerkompanie seinen Fuß auf den Gipfel des Berges gesetzt und kam sich deshalb so bedeutend vor, als hätte er und nicht Kolumbus Amerika für die »Alte Welt« entdeckt.

Plaza Berlin (5900 Meter) wurde nach dem Berliner Arztehepaar Albrecht benannt und hieß früher Plantamura.

Unsere Reise zum Aconcagua stand unter einem guten Stern. Wir hatten mehrere Wochen lang prächtiges Wetter. Das Auf- und Absteigen für die Akklimatisation hatte sich gelohnt. Von Plantamura aus stieg ich mit der Hälfte der Gruppe bei scharfem Wind morgens um drei Uhr los. Über uns ein unendlich großer Sternenhimmel, der bei Sonnenaufgang einer phantastischen Fernsicht bis zum Pazifik wich. Die Sonne projizierte den riesigen Schatten des Aconcagua bis an den Küstenstreifen Chiles. Trotz der enormen Kälte habe ich dieses gewaltige Naturschauspiel minutenlang genossen. Das letzte Stück zum Gipfelgrat führte durch eine Schotterrinne, die sehr mühsam zu durchsteigen war. Unter mir kletterten sieben Bergsteiger wie an einer Perlenschnur aufgereiht hoch, darunter auch Isturiz.
Oben am Gipfel liegen ein Metallkreuz und eine Kassette mit Formularen, auf denen man sich verewigen kann. Nach Süden pfeift es eine steile Eisflanke runter, und ich staune nicht schlecht, als plötzlich ein einzelner japanischer Bergsteiger, beladen mit einem Fünf-Liter-Wasserkanister, wie aus dem Nichts auftaucht. Er stellt sich mit dem Namen Naomi vor. Ich erkenne sofort, daß ich es mit dem bekannten japanischen Bergsteiger Naomi Uemura* zu tun habe. Auch Isturiz erreicht noch an diesem Vormittag den Gipfel. Für ihn geht ein langersehnter Traum in Erfüllung: einmal auf dem Gipfel des Aconcagua zu stehen und es seinem Vorgesetzten gleichzutun!
Wieder im Basislager angelangt, besprach ich mit Isturiz den Rückmarsch nach Puente del Inca. Der Leutnant machte sich gleich am nächsten Morgen mit seinem Adjutanten Antonio auf den Weg. Zuvor hatte er uns versprochen, baldmöglichst die Maultiere für den Rückmarsch heranführen zu lassen. Wir warteten tagelang. Nichts passierte. Keine Nachricht von Isturiz, keine Maultiere. Schließlich mußten wir das Gepäck wie »Mulis« die 38 Kilometer selber raustragen. Etappenweise, anders ging es nicht. So mancher Teilnehmer machte bei der Schinderei seinem Ärger Luft, indem er wüste Beschimpfungen auf Isturiz aussprach. Erst bei unserer Rückkehr nach Puente del Inca begriffen wir den Grund für das uns unverständliche Ausbleiben der Maultiere: Isturiz durfte sich auf Befehl seines Capitano nur in der Offiziersmesse aufhalten und die Garnison nicht verlassen. Mit seinem südländischen Temperament und dem Stolz des Argentiniers hatte er überall von seiner Besteigung des Aconcagua erzählt.
Das war auch seinem Chef zu Ohren gekommen. Und der eifersüchtige Capitano, der ihm die Besteigung nicht erlaubt hatte, sperrte unseren Teniente Isturiz kurzerhand ein und ließ uns die ganze Sache ausbaden ...

*Seit seiner Solo-Winterbesteigung des Mount McKinley am 12. Februar 1984 vermißt.

Aconcagua-Gipfelmassiv von Plaza de Mulas aus gesehen.
Rechte Seite: Aconcagua-Gipfel am 20. 01. 1972. Isturiz klettert aus der »höchsten Kiesgrube Südamerikas« zum Gipfel.

Mount McKinley von Norden aus 48 Kilometer Entfernung. Vorn der etwas niedrigere Nordgipfel. Links daneben der 6194 Meter hohe Südgipfel. Die Skiabfahrt verlief oberhalb des Muldrow Gletschers etwa an der Schattenlinie des linken Grates.

McKinley – Skiabenteuer in Alaska

Weihnachten 1973 war ich in Chamonix am Mont Blanc. Über Jeanne Franco lernte ich hier den Schweizer Steilwandfahrer Sylvain Saudan kennen. Bis dahin gab es erst etwa ein halbes Dutzend solcher »Verrückter«, die Kopf und Kragen riskierten und sich mit ihren Ski die steilsten Schnee- und Eiswände hinunterstürzten. Kein Wunder, daß diese extreme Variante des Skisports Hasardeure anzog, die kaum Überlebenschancen hatten, denn der tödliche Absturz war schon vorprogrammiert.
Nicht so bei Sylvain. Er fing klein und bescheiden bei seiner Arbeit als Skilehrer in Arosa damit an, in den Pausen, wenn seine Kundschaft es sich an der Eisbar gemütlich machte, Steilrinnen abseits der Piste zu befahren. Größere Couloirs in den Aiguilles von Chamonix, wie zum Beispiel Spencer-Couloir und Whymper-Couloir, folgten. Schließlich schaffte er sogar das Marinelli-Couloir am Monte Rosa und die Eiger-Westflanke! Sylvain trainierte systematisch nicht nur an den Skihängen des Mont Blanc, sondern auch an steilen Grashängen und Sanddünen. 1981 ist er schließlich vom Gipfel des 8068 Meter hohen Hidden Peak mit Ski abgefahren. Die erste Abfahrt von einem Achttausender war Sylvains großer Traum!
Als ich ihn in Chamonix kennenlernte, trainierten wir gerade auf der Langlaufloipe von Les Praz de Chamonix. Beim anschließenden Hock am Tresen der Bar von TiTi lud er mich zu einem Filmvortrag über seine Abfahrt vom Mount McKinley in Alaska ein. Sylvain war mit Hilfe der Alaska-Träger Steve Hackett, Riquet Rossier, Del Mulkey und dem Kameramann Vincent Mercier mit einer Tonne Material über die West-Buttress-Route auf den Gipfel gekommen und dann über eine steile Schneewand über das Windy Corner zum Kahiltna-Gletscher abgefahren. Diese steile Schneewand taufte Reinhold Messner Jahre später bei seinem Aufstieg mit Oswald Ölz »Wand der Mitternachtssonne«.
Saudans Film faszinierte mich. Ich beschloß, noch im selben Frühjahr zum Mount McKinley zu fahren. Mich reizte das Abenteuer, das ich dort erwartete, und die preiswerte Möglich-

keit, an einen Berg zu kommen, der es in puncto Abgeschiedenheit, Kälte und Sauerstoffteildruck ohne weiteres mit den Achttausendern des Himalaya aufnehmen konnte. Den McKinley betrachtete ich als Vorzimmer des Himalaya. Später sollte sich herausstellen, daß auch »Vorzimmer« nicht unterschätzt werden dürfen.

Im Februar und März trainierte ich in Chamonix Tiefschneefahren. Sylvain traf ich oft am Lognan, wo er Stammgast war. Er zeigte mir nicht nur die effektivsten Tiefschneetechniken, sondern gab mir auch wertvolle Tips für die Beurteilung des Geländes und der Schneebeschaffenheit. Damit ich gut für die Belastungen am McKinley vorbereitet war, arbeitete ich im April und Mai als Bergführer in Nepal und bestieg mit meinen Kunden mehrere 5000 und 6000 Meter hohe Berge.

Anders als Saudan plante ich keine große und teure Expedition, für die ich die Mittel gar nicht hätte aufbringen können. Nein, ich wollte aus der Not eine Tugend machen und den Berg mit einem Budget, das nicht mehr als 3000 DM pro Person erlaubte, per Ski im Alpinstil überschreiten. Es brauchte keine großen Überredungskünste bei meinem Partner Lutz. Er war gleich Feuer und Flamme. Und was er skitechnisch nicht »drauf« hatte, wollte er mit seinen enormen Körperkräften wettmachen. Als ich dem Skilehrer Günter Sturm beiläufig von meinem Plan erzählte, ließ dieser nicht locker, bis auch er im Team war. Günter brachte einen schon etwas älteren Freund mit, der über das McKinley-Abenteuer einen Film drehen wollte: Erich Reismüller aus Berg am Starnberger See. Erich war eine sehr gute Wahl. Nicht nur wegen seiner Expeditionserfahrung, sondern vor allem, weil er ein sehr angenehmer Zeitgenosse mit so trockenem Humor ist.

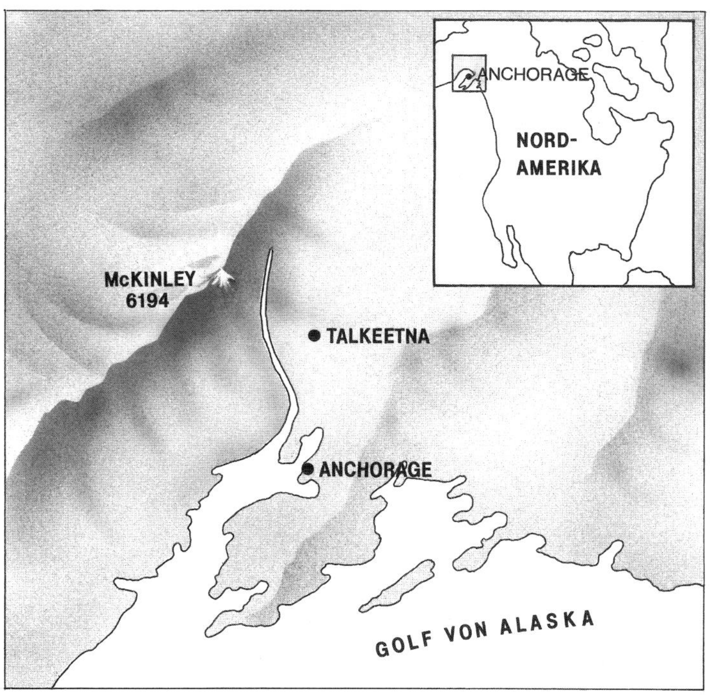

Sein Filmmaterial brachte uns allerdings an das absolute Gewichtslimit, das im Alpinstil noch zu bewegen war. Vierzig Kilo inklusive der Ski mehr als zehn Tage unter den extremen Bedingungen am McKinley vom Kahiltna-Gletscher bis zum Wonder Lake zu tragen, bedeutete vor allem für mich, der ich mit 60 Kilogramm Körpergewicht das Fliegengewicht der Gruppe war, eine selbstauferlegte Fron unerträglichster Art!

Lutz und ich waren mit dem Gepäck vorausgeflogen und wollten vorneweg den Mount Hunter besteigen. In Talkeetna, Sichtweite des McKinley, angekommen, suchten wir uns einen Piloten, der uns mit seinem Gletscherflugzeug auf dem Kahiltna-Gletscher absetzen würde: Don Sheldon. Er war uns von dem aus der Schweiz stammenden Alaskaführer Ray »Pirate« Genet*, einem exzellenten Kenner des Mount McKinley-Gebietes, empfohlen worden.

Don hatte Jahrzehnte Flugerfahrung und ein gerüttelt Maß an Pioniergeist. Noch am selben Nachmittag versprach er, Lutz und mich auf dem Kahiltna-Gletscher in der Nähe des Mount Hunter abzusetzen. Das traf sich gut, konnten wir doch unser erstes Ziel von dort aus direkt in Augenschein nehmen: den Westgrat des Mount Hunter. Vorher wollte Don noch seine Cessna auftanken. Dieses Geschäft zog sich in die Länge, denn das Procedere lief folgendermaßen ab: Don, dessen spindeldürre Gestalt in einem hellgrauen Overall steckte, saß auf einer Tragfläche, während er jeden Tropfen Kerosin, der aus dem Zapfschlauch kam, durch ein Hirschledertuch filterte. »Wassertropfen und Dreck«, meinte er, »kann ich beim Fliegen überhaupt nicht gebrauchen, vor allem nicht wegen der Luftlöcher, die durch die besonderen Windverhältnisse im arktischen Hochgebirge entstehen können.« Sheldon machte uns noch während des Tankens mit den Besonderheiten des Gletscherlandeplatzes vertraut. Alles wurde ganz ausführlich kommentiert und zwischendurch mit einem seiner beißenden Späße aufgelockert. Er brauchte fast eine Stunde, bis er den Treibstoff durchgefiltert hatte. Sheldon war ein vorsichtiger Mann und ein Flieger-As. Eine Kostprobe seines Könnens sollten wir bald bekommen!

Wer die heutigen Verhältnisse am McKinley kennt, kommt wahrscheinlich aus dem Staunen nicht mehr heraus. Wir waren die einzigen Gäste in Talkeetna! Als Sheldon unsere beiden Rucksäcke eingepackt hatte und dann nach unserem Gepäck fragte, war es uns gelungen, ihn, den schlagfertigen Sunnyboy, sprachlos zu machen. Lutz meinte, wir wollten nur auf den Mount Hunter steigen und nicht überwintern, und da reichten zwei Rucksäcke. »Oh you crazy Germans ...«, murmelte Sheldon und packte uns aus seinen Vorräten noch eine Gemüsekiste voll mit Brot, Bier, Zwiebeln und Steaks dazu. Dann zog Don seinen Silbervogel von der ruppigen Graspiste hoch, wir schwebten über den mäandernden Flüssen Susitna und Kantishna, folgten dem Ruth-Gletscher, vorbei am Mount Hun-

* Am 3. Oktober 1979 am Everest-Gipfelgrat erfroren.

Oben: Der legendäre Gletscherpilot Don Sheldon aus Talkeetna beim Auftanken seiner Cessna.
Mitte: Im Anflug zum Mount McKinley über dem Ruth-Gletscher.
Unten: Gletscherlandeplatz unter dem Mount Hunter, am Rande des Denali Nationalparks.

tington, Moose Tooth zum Ruth-Amphitheater, wo er eine kleine Hütte mitten in der arktischen Eiswüste hatte. Bevor wir auf einem Nebenast des Kahiltna-Gletschers unterhalb des Mount Hunter landeten, drehte er noch ein paar Runden über dem Westgrat, so daß wir unsere Aufstiegsroute beäugen und den besten Anstieg schon aus der Luft festlegen konnten.

Gleich am nächsten Tag sind wir unterwegs zum Westgrat. Mit Ski spuren wir durch einen Eisbruch unter ein 500 Meter hohes Couloir, über das wir die Gratschneide erreichen wollen. Von dort oben sieht es dann recht gangbar bis zum Gipfel aus – reine Konditionssache, glauben wir! Das Versichern des steilen Couloirs für den Abstieg gestaltet sich aber sehr mühsam. Seilsalat, Hitze durch die enorme Strahlungsreflektion und entsprechendes Schmelzwasser, welches das Couloir herunterplätschert, bilden den Gegenpart unserer Erwartungen und dämpfen unseren Optimismus. Lutz fällt bei der Abfahrt zum Kahiltna-Gletscher in eine Spalte und kann sich nur mit Mühe aus dem tropfenden, sulznassen Gefängnis befreien. Seine Schuhe sind voll Wasser gelaufen und quietschen bei jedem Schritt. Die Stimmung ist gereizt und kann durch meine Kochkünste am Basislager mit einem T-Bone-Steak nur kurzzeitig aufgelockert werden. Am nächsten Morgen sind die Schuhe von Lutz komplett gefroren, und in seinem aufkommenden Pessimismus meint er, der Mount Hunter sei eine Nummer zu groß für uns. Wir bekommen die Schuhe wieder nicht trocken, denn das Wetter hat sich zum Schlechten gewendet.

Schließlich ringe ich Lutz wenigstens noch das Zugeständnis ab, das Material vom Mount Hunter wieder herunterzuholen. Bei der nächsten Aufhellung sind wir unterwegs. In dem Eisbruch ist es etwas diesig, und alle alten Spuren sind unter 20 Zentimeter Pulverschnee verborgen. Eine längere Spalte, zwar noch vollständig mit einer Schneebrücke zugedeckt, ist zu queren. Ich gehe im rechten Winkel darüber und bin schon eine halbe Seillänge weiter, als ich einen unheimlichen Ruck vom Seil bekomme, der mich rückwärts umwirft. Der Zug am Seil, das wie eine Gitarrenseite gespannt ist, drückt mir den Brustkasten zusammen: Lutz muß in die Spalte gefallen sein. Ich rutsche ganz langsam auf die Spalte zu und versuche verzweifelt, mit den Händen und den Ski zu bremsen. Ich bekomme einen Ski los, stoße ihn bis zur Bindung in den Schnee und wälze mich so vorsichtig um ihn herum, daß der Zug des Seils um den Ski liegt. Aber die bergwärts stehende scharfe Stahlkante schneidet schon in den Perlonmantel, so daß die Gefahr besteht, daß sie das Seil kappt. Ich rutsche um den Ski zurück, werde noch näher zur Spalte gezogen, und der Druck auf meinen Brustkasten wird noch stärker. In meiner Verzweiflung bin ich einen Moment ratlos, ich kann Lutz nicht halten. Er muß frei in der Spalte hängen, mitsamt den Ski und dem Rucksack. Schließlich gelingt es mir, im letzten Augenblick, das Seil am zweiten Ski zu befestigen. Wie, das kann ich mir heute nicht mehr erklären. Wahrscheinlich mobilisiert man in der Todesangst ungeahnte Kräfte.

Am Seil gesichert, arbeite ich mich zu dem Loch im Schnee vor, um nach Lutz zu sehen. Lutz ist inzwischen schon mit Jümarbügeln am Seil hochgestiegen und ruft mir zu, daß er wohlauf und nicht verletzt sei. Nur sein Skistock, die Sonnenbrille und die Mütze lägen tief unten in der Spalte. Wir haben kaum Zeit, uns darüber zu freuen, wie glimpflich dieser gefährliche Spaltensturz abgelaufen war, als oben unter dem Westgrat am Mount Hunter der Berg zu rumoren beginnt. Eine gewaltige Eislawine ist direkt über uns abgegangen und stürzt uns mit einer immer höher aufbrodelnden Eisstaubwolke entgegen. Lutz ist noch in der Spalte, ich stehe wie gelähmt da. Weglaufen kann ich wegen der Spalte nicht, jeden Moment erwarte ich die ersten Eisblöcke und das Ende. Angst spüre ich nicht, nur das Bedauern, daß ich schon so jung sterben soll.

Es schien mir, als wäre eine Ewigkeit vergangen, bis der Eisstaub endlich verschwand. Weiter oben war die gesamte Lawine mit ihrer tödlichen Fracht in eine breite Gletscherspalte gerutscht. Wir hatten nochmals Glück gehabt!

Als der erste Schrecken vorbei war, packten wir erst einmal unsere Teebuddel aus und feierten »Geburtstag«. Nachdem ich die restlichen Utensilien aus der Spalte geborgen hatte, stiegen wir äußerst vorsichtig zum Lager zurück. Die enorme Anspannung dieses todesnahen Erlebnisses entlud sich auf dem Rückweg zum Basislager. Wir stritten uns unterwegs dauernd über den richtigen Weg. Aber es sollte noch viel schlimmer kommen.

Später erzählte uns Don Sheldon*, er hätte den Abbruch der Eislawine aus seiner Maschine beobachtet und für uns gehofft, daß wir nicht im Eisbruch wären. Keinen Cent hätte er mehr für unser Leben gegeben!

Nach etwas Ruhe am Kahiltna-Lager und ausgiebigen, kräftigen Mahlzeiten beschließen wir, Material für die McKinley-Traversierung zum Kahiltna-Pass zu bringen. Das meiste Gepäck ziehen wir auf einem Plastikschlitten in der Skispur hinter uns her. Anfangs ist das etwas ungewohnt, so daß wir uns wie Galeeren-Sklaven vorkommen. Aber bald wird unsere Aufmerksamkeit auf ein anderes Phänomen gelenkt. Zuerst steigt nur etwas Wind von Süden den Gletscher hoch, und ein bißchen Schnee wird aufgewirbelt. Eine Stunde später reicht der Schneestaub schon bis zu unseren Köpfen, und auf der Höhe des Kahiltna-Passes stecken wir mitten in einem heftigen Schneesturm: null Sicht! »White-out« nennen das die Amerikaner kurz und bündig, und wir lernen etwas Neues kennen: einen Blizzard in der Nähe des Polarkreises!

Ein Zelt aufstellen? Der Sturm reißt es uns aus der Hand! Es bleibt nur eine Möglichkeit: ein Loch in den ebenen Gletscher zu graben und darin, vor dem Blizzard geschützt, eine Wetterbesserung abzuwarten. Kurz nach Mitternacht haben wir die Höhle fertig, die uns die nächsten drei Tage und Nächte vor dem Toben der Elemente schützen soll. Ein richtiges Fuchsloch, in das wir uns verkriechen. Schlafen, Kochen, Erzählen, das sind die Dinge, die uns beschäftigen. Wir haben 14 Liter Benzin raufgeschleppt, und Lutz meint in seiner tiefstapelnden Art, damit könnten wir zwei Wochen überleben.

Am vierten Tag reißt es auf, azurblauer Himmel, windstill. Ein Meter pulvriger Neuschnee! Das Stimmungsbarometer steigt bis »sehr schön«, vor allem in der Vorfreude auf die Skiabfahrt. Aber was für eine Enttäuschung! Der Schnee ist so tief, daß wir im Abstieg spuren müssen. Später wird er pappig und stollt. Und das Wetter wendet sich schon wieder zum Schlechten! Bei einer Rast auf 2400 Meter Höhe entlädt sich die ganze Nervenanspannung der letzten Tage in einem Riesenkrach. Lutz schimpft und will weitergehen, als mich die Wut packt. Ich schreie ihn an: »Wir machen hier jetzt Pause, essen und trinken und trocknen unsere patschnassen Schlafsäcke!« Lutz meckert weiter. Ich brülle, er solle seine blöde Schnauze halten, mir würde es total stinken. Daraufhin herrscht Funkstille. Ich knalle ihm seine halbe Tafel Schoko vor die Füße, er mir die Wasserpulle.

Schweigend erreichen wir bei Schneetreiben das Basislager, wo wir mehrere Tage im Zelt abwarten müssen. Nach einer Wetterbesserung starten wir erneut zum Kahiltna-Paß. Die Rucksäcke wiegen diesmal keine zehn Kilogramm, es geht alles so leicht, daß wir mittags schon wieder zurück sind. Wir sind groß in Form. Die Auseinandersetzung auf dem Kahiltna-Gletscher hat wie ein reinigendes Gewitter alle Spannungen aus unserem Unterbewußtsein entfernt.

Ein paar Tage später starten wir zusammen mit Erich und Günter, die inzwischen, von Peru kommend, auf dem Kahiltna-Gletscher gelandet sind. Schon die ersten beiden Tage zeigen, in welchem Stil wir die Skiüberschreitung des McKinley angehen wollen. Das Wetter ist noch denkbar schlecht, unser Abmarschtermin ist kurz nach Mitternacht am 13. Juni 1974.

Überleben im Blizzard am Kahiltnapaß. Die Aufnahme wurde kurz nach Mitternacht belichtet. Der Eingang zu unserem »Fuchsloch« ist unten rechts.

* Zwei Jahre später an Colon-Krebs gestorben.

Große Tage am Berg: Nach der ersten Skiüberschreitung des Mount McKinley feiern wir mit Amerikanern aus Seattle bis spät in die Nacht.

Um 6.30 Uhr morgens kommen wir am Kahiltnapaß im schönsten Schneesturm an. Jeder schleppt und zieht 45 Kilogramm. Günter und ich meinen, wir sollten Gewicht »abspecken«, schnell gehen, auch bei schlechtem Wetter im unteren Bereich, oben würde es dann schon besser. Keiner ahnte damals, daß wir den Aufstieg bis zum Gipfel nur bei schlechtestem Wetter machen würden. Meistens steigen wir nachts und schlafen tagsüber. Der McKinley liegt so weit im Norden, daß es die ganze Nacht nicht völlig dunkel wird. Je weiter wir hinaufkommen, desto mehr nimmt der Sturm an Stärke zu. Unterwegs treffen wir nur zwei Mädchen aus Arizona, die in einem anderen Rhythmus laufen als wir und etwas langsamer sind. Also, wenn ich mich heute an diese eigenartige Begegnung erinnere, so waren die beiden US-Girls für uns Europäer schon ein Schock: Auf ihren Rucksack hatten sie einen Bambusstecken gepflanzt, mit einer wehenden weißen Unterhose, auf der mit Filzschreiber geschrieben stand: »Kahiltna cunts«.
Das Windy Corner ist halb blankgefegt und der Sturm so heftig, daß er uns in den Böen mehrfach umbläst; wir schätzen: zehn bis elf Windstärken. Beim Aufstieg über die West Buttress packen wir die Ski noch auf die Rucksackkraxe, jetzt schleppen wir 40 Kilogramm in 5000 Meter Höhe! Oben pflanzen wir unser Zelt auf den schmalen Grat. Bevor der Sturm nachts wieder richtig zu orgeln beginnt, sind wir im Schlafsack. Gott sei Dank hat Erich das Zelt an einer Eisschraube gesichert ...
Morgens spüre ich, wie mir etwas Kaltes ins Gesicht schlägt, es ist das Seideninnenzelt. Der Orkan hat die Zeltstange, die der Hersteller als besonders bruchfest gepriesen hatte, abgebrochen. Erich hat die Zeltspitze unter seine Matratze geschoben, so daß wir wie in einem Biwaksack liegen. Ich habe von alldem nichts mitbekommen, weil ich vor Erschöpfung tief geschlafen hatte. Das Zelt ist mit uns Vieren etwa einen Meter auf den Abgrund zu gedrückt worden. Die Eisschraube war unsere Rettung! Sie hatte uns vor dem Absturz bewahrt. Als wir weitergehen, merke ich, daß ich Halsschmerzen habe und sehr müde bin. Das kann ich jetzt gerade brauchen!
Der Aufstieg zum Denali-Paß wird zur größten Schinderei meines Lebens. Der Reizhusten plagt mich so sehr, daß mir die Tränen kommen. Beschämt konstatiere ich, daß ich, der ich

mich bisher überall, sei es beim Schleppen, Lagerbau, Kochen oder Spuren, voll eingesetzt hatte, vor Schwäche kaum am Lageraufbau mitwirken kann. Aber wir kommen rechtzeitig in unser etwa einen Meter tief in den harten Schnee eingegrabenes Zelt: 18 200 Fuß, etwa 5500 Meter Höhe! Der Wind dreht in der Nacht. Am Morgen des 18. Juni 1974 kommt er vom Muldrow Gletscher hoch aus dem Norden. Eiskalt: –35°C. Während wir im Zelt halb schlafen, halb dösen, geht Günter unter dem Vorwand, die Ausrüstung zu testen, hinaus. Stunden später ist er immer noch nicht zurück. Lutz und Erich haben die Ruhe weg, sie schlafen und schlafen. Der Sturm rast von Norden nach Süden durch die Lücke zwischen den beiden McKinley-Gipfeln, die man Denali-Paß nennt. Denali heißt in der Sprache der Ureinwohner der »Große« – eine passende Bezeichnung für den höchsten Berg Nordamerikas. Erst später

Der Eichstätter Skilehrer und Bergführer Günter Sturm während einer Kochpause unter der West Buttress. Der nächste Blizzard kündigt sich mit typischen Wolkenformationen in Höhe des Mount Forakers an.

Auf dem McKinley-Gipfel. Links Mount Foraker.

wurde er nach dem amerikanischen Präsidenten William McKinley benannt. Mich wundert, daß der Sturm unser Zelt nicht zerfetzt, und ich male mir in Gedanken aus, was dann passieren würde. Mich beunruhigt, daß Günter nicht zurückkommt, und ich wecke die beiden anderen auf. Auch Lutz und Erich sind der Meinung, daß Günters Begründung, er wolle die Ausrüstung testen, nur ein Vorwand war. Er ist zum Gipfel!
Spät abends kommt Günter zurück, total vereist und verschneit. Von der Nase hängen fünf Zentimeter lange Eiszapfen. Wir sind froh, daß er wieder bei uns ist. Oben am Archdecans-Tower hatte er sich verlaufen, dann aber den Gipfel während einer kurzen Aufhellung doch noch gefunden. Ich gebe ihm heiße Hühnersuppe, die ich seit zwei Stunden immer wieder aufgewärmt hatte. Mit dem warmen Getränk taut Günter auf und ist ganz aufgeräumt. Nur nach dem Hinweis, daß wir ihm bei dem geringsten Vorkommnis nicht hätten helfen können, ist er ein wenig nachdenklich.
19. Juni 1974: Ich habe Schmerzen in der Brust, wahrscheinlich Bronchitis. Der Sturm ist heute orkanartig. Als Zeltstange verwenden wir meinen 190 Zentimeter langen Glasfiberski. Der Sturm verbiegt ihn wie einen Flitzebogen. Wir machen uns trotzdem fertig: Abmarsch zum Gipfel – aber wir kommen keine 50 Meter weit. Der Sturm wirft uns fast um. Also wieder ins Zelt zurück. Bis da alle drin sind, weht es der Sturm voll mit Schnee. Im Zelt sind es –20°C.
20. Juni 1974: Ich fühle mich ernsthaft krank. Die anderen werkeln schon lange herum und machen sich für den Abmarsch fertig. Wir sind jetzt den vierten Tag hier oben im Sturm am Denali-Paß. Ich habe das Gefühl, die Bronchitis schafft mich. Als meine Kameraden das Zelt verlassen, meint Günter: »Heute müssen wir den Gipfel schaffen, und dann nichts wie weg von hier.« Es wird mir klar, daß sie wegen mir nicht warten können. Außerdem befürchte ich, daß die Bronchitis hier nicht besser wird. Also raus aus dem Schlafsack! Das Anziehen dauert ewig: zwei Angorahemden, darüber Pulli, Pullover, Dau-

nenjacke und Sturmanzug. Langsam verlasse ich das Zelt. Draußen ein strahlend blauer Himmel und saukalter Sturm. Die anderen steigen schon auf, als ich mit den dicken Handschuhen, umständlich wie das ist, die Steigeisen an den Schuhen befestige. Der Hang über mir ist vom Sturm blankgefegt. Trotz eiskalter Füße steige ich aufwärts und hole ganz langsam Lutz ein, der auf mich wartet. Im Sturm ist eine Verständigung nur mit Zeichen möglich. Am Gipfelgrat wird der Sturm noch stärker, aber die Aussicht ist gewaltig. Bis in die Niederungen der Taiga Alaskas reicht der Blick. In der Kälte reißt die Perforation des Films in meiner Leica. Endlich! Wir haben es geschafft, sind am Gipfel angelangt. Welch ein großer Berg!

Unten am Denali-Paß tobt der Sturm ungebrochen. Unser Zelt liegt in einer Windgasse. Später erfuhren wir von Don Sheldon, daß der McKinley vom 17. bis 20. Juni 1974 in einer Eiswolke lag und der Wetterdienst für den Gipfelbereich –30°C bei 100 Stundenkilometern meldete. Das ist nach Wind-Chill-Faktor kälter als –90°C bei Windstille! Keiner da unten gab uns auch nur die geringste Chance, den Gipfel zu erreichen, geschweige denn vier Tage in diesem Sturm am Denali-Paß zu biwakieren.

Am nächsten Morgen ist es klar, der Sturm läßt nach. Wir fahren mit den Ski nach Norden ab. Unser seidenes Innenzelt hatte vom Kondenswasser eine zwei Zentimeter dicke Eisschicht. Es wird kurzerhand in der nächsten Spalte versenkt. Am Browns-Tower machen wir Rast und kochen heißen Orangensaft. An der Karstens-Ridge packen wir die Ski auf die Rucksäcke, gerade als es im Nebel etwas zu knistern anfängt, dann ein Schlag! Meine Hände gehorchen mir einen Moment nicht mehr. Ich schreie vor Angst, und Lutz beruhigt mich: »Das ist ein Wirbelsäulensyndrom von der Schlepperei.« Als ich dann das Elmsfeuer aus den Spitzen seiner Ski heraussprühen sehe, weiß ich, um welches Syndrom es sich handelt. Der Blitz hat mich gestreift und umgeworfen. Günter und Erich haben alles Material bereits abgelegt und liegen abseits im Schnee. Ich mache es ihnen sofort nach. Nur Lutz sitzt in aller Seelenruhe bei seinem Rucksack mit Stöcken, Ski, Steigeisen und Pickel. Das darf doch nicht wahr sein ...

Es schneit, und im Nu liegen 50 Zentimeter Neuschnee auf dem steilen Grat. Ich hatte mir weiter oben schon eingebildet, einen dunklen Fleck am Grat gesehen zu haben, und sage das

Skiabfahrt über den Muldrow Gletscher (57 Kilometer). Mit den Riesenrucksäcken ist das ein ständiger Kampf um das Gleichgewicht.

Lagerplatz am Denalipaß unter dem Südgipfel des McKinley. Nach sieben Sturmtagen brechen wir das Camp ab und bereiten uns auf die Skiabfahrt nach Norden vor.

Die Skiabfahrt wird durch die Carstens-Ridge unterbrochen. An diesem Grat überraschte uns ein Gewitter, das mich nicht nur das Fürchten lehrte, sondern auch einen halben Meter Schnee auf den Grat warf.

Lutz und Günter. Sie meinen, wahrscheinlich ein Felsen. Eine halbe Stunde später sehen wir auf dem Grat ein Zeltlager mit vielen Leuten davor. Bei den Zelten angekommen, lasse ich meine Rucksackkraxe wie einen Bleiklumpen in den Schnee fallen. Die Amis machen Riesenaugen. Sie arbeiteten sich seit drei Wochen über den Muldrow-Gletscher hoch, und wir sind jetzt erst den neunten Tag unterwegs. Es wird ein wunderbarer Abend durch die Gastfreundschaft der Amerikaner aus Seattle. Während der ganzen Zeit bleibt die Sonne blutrot am Horizont stehen und will nicht untergehen. Heute ist der längste Tag, der 21. Juni 1974 – Sonnwende.

Die Abfahrt über den Muldrow-Gletscher ist ein Abenteuer für sich, und hier haben nur Könner eine Chance. Mit den Riesenrucksäcken ist das allerdings kein Genuß, sondern ein ständiger Kampf ums Gleichgewicht. Bei strömendem Regen laufen wir schließlich den unteren Muldrow-Gletscher raus, und um Mitternacht erreichen wir den McGonagall-Paß. Das große Abenteuer ist zu Ende, denken wir zumindest!

Es fehlten noch etwa 50 Kilometer Marsch durch die Tundra bis zum Wonder Lake. Ein Dutzend kleinere Flüsse waren zu durchqueren, aber das konnte nicht so problematisch sein. Keine Grizzlybären kreuzten unsere Wege, dafür Milliarden von kleinen Plagegeistern: Moskitos.

Auf dem Weg zum McKinley-River bekam ich doch noch das bereits von Lutz diagnostizierte Wirbelsäulensyndrom – von der Schlepperei! Am großen Fluß angelangt, warteten wir die ganze helle Polarnacht bis zum anderen Morgen, um die Zeit des niedrigsten Wasserstands zu nutzen. Lutz brachte noch mal eine hollywoodreife Einlage: Er marschierte bolzengerade in den eiskalten McKinley-Fluß. Die starke Strömung und die wandernden Kiesel am Grund rissen ihn um, seine Kraxe füllte sich mit Wasser, und er schwamm schon, als Erich und ich uns

Das letzte Hindernis: Günter Sturm durchquert das eiskalte Schmelzwasser des McKinley-Flusses, dessen Ufer von schlanken Alaskafichten umsäumt werden. Am Horizont die McKinley-Range: Mitte Mount Brooks, rechts (kleine Spitze) Mount Silverthrone. Linker Bildrand Mount Deception. Rechts unter den Wolken verläuft der Muldrow Gletscher mit unserer Skiabfahrt.

in den Fluß stürzten und ihn mitsamt der Kraxe aus der eiskalten Strömung zogen. In der Not hatte er den Hüftgurt nicht mehr öffnen können, so daß ihn die Kraxe unweigerlich hinunterzog! Sie war so sehr mit Wasser vollgesogen und daher so schwer, daß wir sie zu zweit kaum mehr auf die nächstliegende Sandbank schleifen konnten, wo Lutz die folgenden zwei Stunden seine nassen Utensilien trocknete, während er wie ein indischer Yogi in stoischer Ruhe daneben saß: so wie Gott ihn geschaffen hatte!

Nach dem McKinley trennten sich unsere Wege. Günter, Erich und ich fuhren heim zu unseren Frauen. Lutz, der ungebunden war, wollte als Schiffsarzt anheuern, blieb aber dann in Kanada hängen und widmete sich anschließend seiner Ausbildung zum Facharzt.

Pferdetreiber (Cowboy) aus Adi Arkai in Äthiopien.

Flucht aus Asmara – Bürgerkrieg in Äthiopien

Meine Frau liebte Pferde mehr als alles andere auf der Welt! Sie träumte von Reittouren in fernen Ländern, zum Beispiel in Afghanistan. Wir planten sogar, uns dort Pferde zu kaufen und durch das ganze Land zu reiten. Aber in Afghanistan gab es Anfang der siebziger Jahre einen politischen Umsturz, und wegen der kriegsähnlichen Vorgänge in Kabul schreckte meine Frau vor diesem Plan zurück.
In Irland fanden wir ein etwas »zahmeres« Ersatzziel. An der Westküste mieteten wir uns im Sommer 1974 zwei Pferde und machten einen zweiwöchigen Ritt von Sligo aus entlang der Donegal-Bucht bis nach Killybegs. Die Pferde kamen abends auf eine Koppel in Pension, während wir uns mit Bed and Breakfast begnügten. Mein Pferd hieß Bob, hatte einen langgezogenen, dackelähnlichen Körperbau mit einem Hinterteil wie ein belgischer Brauereigaul und war furchtbar gefräßig. Er brauchte immer die doppelte Ration Hafer. Ich hatte anfangs den Eindruck, daß man Bob frisch von der Arbeit auf dem Akker und nicht aus dem Reitstall geholt hatte. Die Pferdeverleiher in Irland waren üble Roßtäuscher. Aber Bob hielt die Strapazen dieses »Westernritts« durch! Wenn es einmal wieder zu lange regnete und das Wasser bis zu den Knöcheln in den Reitstiefeln stand, legten wir uns einfach rücklings auf den Pferderücken, streckten die Füße in die Höhe und ließen das Regenwasser herauslaufen!
Nach einem so verregneten, naßkalten Tag brauchten wir etwas Warmes. In den irischen Pubs wurde dafür bestens gesorgt, und zusätzlich erlebten wir noch echte Western-Atmosphäre. In Cliffoney war das Pub gerammelt voll, und kurz vor halb elf Uhr abends wurden noch mal wie wild Getränke bestellt. Neben mir beendete ein irischer Bauer eine Meinungsverschiedenheit mit seinem Nachbarn durch einen Kinnhaken, der das Opfer der Länge nach auf die Planken schickte. Der daneben stehende Wirt rief eintönig, von der Schlägerei gänzlich unbeeindruckt: »Now gents please ... now gents please ...« Das tat er immer wieder, da er seine Kneipe zumachen wollte!

Auf diese Weise bestens mit der Reiterei vertraut, wagte ich ein paar Monate später einen Ritt durch das Semyen-Gebirge in Äthiopien. Nach einer Autoreise kreuz und quer durch dieses Land, das eine interessante Historie und ungewöhnlich reiche Kulturschätze besitzt, starteten wir von Debarek in der Nähe des 3100 Meter hohen Wolkefit-Passes zum höchsten Berg des Landes, dem 4620 Meter hohen Ras Dashan. Ein Einheimischer zeigte uns den Weg über das in der Dezember-Trokkenzeit braungebrannte Hochland. Anfangs säumten kilometerlang flachsbleiche abgeerntete Weizenfelder unsere Route. Später fanden wir nur noch hinter kakteenähnlichen Wolfsmilchgewächsen ein wenig Schatten für unsere ausdauernden Pferde.
Überhaupt die Pferde! Sie waren Extraklasse! Kleiner als die irischen Hunter mit ihrer stolzen Widerristhöhe, schlanker und temperamentvoller: richtiges Vollblut! Beim Reittraining in Debarek mußte ich einen guten Eindruck gemacht haben, denn man vertraute mir das beste Pferd an.

Am ersten Tag hieß es sechs Stunden über das Semyen-Plateau, immer in 3000 Metern Höhe, durchhalten. Sechs Stunden im Sattel ist auch für einen durchtrainierten Sportler kein Pappenstiel, weil beim Reiten ganz andere Muskeln beansprucht werden als beim Laufen. In den nächsten Tagen wurden die Zeiten im Sattel noch länger und pendelten sich bei etwa acht Stunden täglich ein. Packmulis brachten Zelte und Kochutensilien und brauchten dazu natürlich noch länger als die Pferde.
Zwei Schweizer waren mit von der Partie: ein Pärchen aus Winterthur bei Zürich. Hans-Peter, der sonst in Zürich Studenten unterrichtete, war sehr groß und von drahtiger Statur. Für ihn war dieser Gewaltritt kein Problem. Aber für seine Frau Anni! Sie bekam gleich am ersten Tag solche Muskelschmerzen, daß sie nicht mehr laufen konnte. Also besorgten wir ihr ein Packmuli, auf dem sie im Damensitz weiterritt. Das Muli brauchte man weder zu lenken noch anzutreiben. Es trottete ganz von alleine mit den anderen Maultieren hinterher. Nun wollte Anni aber in der Nähe ihres geliebten Hans-Peter bleiben, dessen Vollblut oft ungeduldig wurde, wenn es nicht schnell genug vorwärts ging. Dann rief sie verzweifelt in ihrem Schweizer Dialekt: »Hans-Peter, der Muli mag nicht so, wie ich will!«

Ritt durch das Semyen-Gebirge in Äthiopien

Hans-Peter mußte jedesmal umkehren und die Zügel an seinen Sattel binden. Dann erst kamen wir voran.
Abends lagerten wir auf dem Hochland. Vor den Zelten brannte ein Lagerfeuer, und das milde, warm-gelbe Licht, das an jener Stelle des Horizonts aufleuchtete, wo die Sonne untergegangen war, genossen wir genauso wie die Köstlichkeiten, die unser Koch, den wir von einem Hotel in Gondar kurzerhand wegengagiert hatten, uns zubereitete. Wenn es Ziege gab, lockte der Geruch des geschlachteten Tieres die Hyänen an, deren funkelnde Augen man in der stockfinsteren Nacht blinken sah. Es genügte aber, ein brennendes Holzscheit in diese Richtung zu werfen, und wir hatten wieder unsere Ruhe.
Am Lagerfeuer fühlte sich Anni viel wohler als im Sattel. Nach einem guten Essen und einem Schluck aus der Brandy-Flasche erzählte sie uns, daß sie einmal im Jahr während der Schweizer Sportwochen ihren Hausfrauenpflichten entfliehen könne. Anni war im Besitz des begehrten Schweizer Skilehrer-Brevets und begleitete immer im Februar für zwei Wochen die Schüler aus Winterthur zu Skikursen in den Alpen. Wenn sie davon erzählte, glänzten ihre Augen, und ihre Stimme bekam so einen Ton, als hätte sie schon wieder Sehnsucht nach den Schweizer Bergen. Für Hans-Peter war es eine Selbstverständlichkeit, seiner Frau diese Freude zu lassen und derweil mit dem Mensaessen vorliebzunehmen. Die beiden machten jedenfalls einen sehr glücklichen Eindruck.
Nach ein paar Tagen stieg das Gelände an. Daß wir die 4000-Meter-Marke überschritten hatten, merkte ich auch daran, daß mein Hengst nicht mehr galoppieren wollte. Es war schon etwas »westlich degeneriert«, wie wir da bis auf 4500 Meter mit unseren Mustangs hochritten und uns im Schnitt auch nicht schneller als ein Bergsteiger zu Fuß bewegten. In einfacher Kletterei ging's noch mal 100 Höhenmeter hinauf, und dann standen wir auf dem höchsten Punkt Äthiopiens: Ras Dashan. Von der höchsten Spitze hatte man einen guten Überblick über die weitere Route, die einer Art Canyon folgte, bis nach Adi Arkai. Wir genossen die Aussicht vom Ras Dashan über das Hochland von Äthiopien und die darin tief eingeschnittenen Canyons. Die Luft über den Bergen flimmerte vor Hitze. Es ließ sich aber gut aushalten, da die Luftfeuchtigkeit sehr gering und die Reiterei doch bedeutend weniger anstrengend als die Bergsteigerei war. Anni beurteilte unsere Methode, auf den höchsten Berg Äthiopiens zu gelangen, ganz anders als ich. Sie war inzwischen vom Reiten und der damit verbundenen Möglichkeit, so bequem in die Höhe zu kommen, ganz angetan. »Supermaximal«, schwärmte sie, »da isch fascht so kommod' wie mit em Schläbblift« – für Anni war die Welt wieder in Ordnung.
Das nächste Dorf befand sich einen Zwei-Tages-Ritt entfernt: Adi Arkai. Es liegt an der Straße nach Axum. Die paar Hütten rechts und links der staubigen Straße waren nur aus Brettern zusammengenagelt, und hätten davor nicht Äthiopier gesessen, wir wären uns wie in Desperado City vorgekommen. In Axum bestaunten wir die über 20 Meter hohen Stelen, in Lalibella die Kirchen aus Stein. Dann machten wir uns auf nach Eritrea.

Adi Arkai an der staubigen Straße zum Wolkefitpaß in Äthiopien.

Italienische Einflüsse, noch aus der Kolonialzeit, waren hier unübersehbar. Die Straße von Massawa am Roten Meer hoch bis Asmara ist über 100 Kilometer lang. Mehrere Dutzend Tunnel, unzählige Kurven und Haarnadelkurven führen etwa 2500 Höhenmeter hinauf. Wie in Axum gab es phonolithische Steine, die man wie Glocken zum Klingen bringen kann.
Vor unserer Heimreise nach Rom wollten wir noch in einem typischen eritreischen Restaurant essen, nach Landesart versteht sich. Für das Essen lassen sich die Leute hierzulande Zeit, und so bekamen wir nebenbei noch etwas von der Geschichte Eritreas mit.
Haile Selassie, der Kaiser Äthiopiens, war in Asmara nicht sehr beliebt, hatte er doch 1952 Eritrea in Form einer Föderation kassiert, vier Jahre später den Eritreern die äthiopische Amtssprache Amhari übergestülpt und so für Unruhe und Widerstand gesorgt. Niemand in Eritrea hatte mit Haile Selassie Mitleid, als er kurz vor unserer Ankunft im Spätherbst 1974 von seiner eigenen, in Eritrea kriegsmüde gewordenen Armee entmachtet und vom Thron gejagt wurde. In Eritrea gab es seit 1970 eine linksgerichtete Volksbefreiungsfront, die nicht nur gegen die äthiopische Armee partisanenmäßig vorging, sondern auch gegen die weniger sozialistisch orientierte Befreiungsfront ihrer eigenen Landsleute. Diese verwickelte Bürgerkriegssituation sorgte für Verwirrung bei breiten Bevölkerungsschichten.
Seit einiger Zeit war es aber ruhig. Friedlich ging jedermann in Asmara seiner Wege, als wir unseren letzten Abend in einem eritreischen Restaurant feierten. Es war die Ruhe vor dem Sturm ...
Wir saßen zu viert an einem der drei Tische. Im hinteren Teil der Gaststube wurde das eritreische Brot, Injera, zubereitet. Dieser im Durchmesser etwa 50 Zentimeter große Pfannkuchen wird aus Hirse (Tell) auf runden, sehr heißen Steinplatten

gebacken und schmeckt etwas säuerlich. Zu jedem Gemüse und zu jedem Fleisch, das häufig, wie bei Stew üblich, klein geschnitten ist und traditionell scharf, aber sehr delikat gewürzt wird, gibt es Injera. Dabei zupft man die Brotstücke ab und nimmt sie so zwischen die Finger, daß man statt mit der Gabel die Speisen mit Injera fassen und essen kann. In einem guten eritreischen Restaurant werden die einzelnen Speisen jeweils in geringer Menge gereicht, die Anzahl der Gänge kann es indes leicht mit einem Festessen in Frankreich oder China aufnehmen. Wir erlebten einen richtigen Schlemmerabend, und das drei bis vier Stunden lang. Nach diesen unerwarteten exotischen Gaumenfreuden wurde schließlich neben unserem Tisch eine Feuerstelle aufgebaut und über der Holzkohlenglut frischer Kaffee geröstet, der dann in einem Mörser vor unseren Augen zerstoßen wurde. Schon der Geruch, der während dieser Prozedur entstand, ließ höchsten Genuß für den Mokka erwarten.

Wir schlürften gerade dieses köstliche orientalische Getränk, als sich vor den Fenstern unseres Restaurants die Straßenszene schlagartig änderte. Gewehrsalven und Detonationen hallten durch die Nacht, und gelbe, rote, orange und grüne Streifen jagten durch die Straßen: Leuchtspur-Munition. Auf der anderen Straßenseite zersplitterten die Scheiben eines Geschäfts, Handgranaten explodierten. In der Stadt war auf einmal die Hölle los. Das Licht ging aus, weil irgendwo die Stromversorgung zusammenbrach, und es gab nur eine Erklärung für diesen Terror: der Bürgerkrieg war wieder ausgebrochen. Wir verkrochen uns in die Ecken des Restaurants, um nicht zufällig von Querschlägern, die durch die Fensterscheiben surrten, getroffen zu werden. Unsere Stimmung sank immer mehr in Richtung Tiefpunkt, denn nach zwei Stunden waren die Kampfhandlungen noch immer in vollem Gange. Wie sollten wir unseren Alitalia-Jet nach Rom erreichen, dessen Abflug in den frühen Morgenstunden geplant war? Kein Taxi fuhr mehr. Wer ließ sich schon gerne seine Karosse von der Befreiungsfront durchlöchern? Die Situation war gefährlich, niemand traute sich auf die Straße.

Morgens um drei Uhr ebbte der Gefechtslärm etwas ab. Die Chefin unseres Restaurants forderte uns auf, ihr leise in den Hof zu folgen, wo ihr Auto, ein alter Opel Kapitän, stand. Darin verkrochen wir uns, duckten uns hinter die Sitze und ließen uns von der mutigen Frau durch die inzwischen gespenstisch dunklen und völlig leeren Straßen zum Flugplatz kutschieren. Anni hatte in ihrer Angst (»Hans-Peter, ich will heime!«) sogar mit dem Kofferraum, der bei einem Opel Kapitän ja schön geräumig ist, vorlieb genommen. Wir erreichten unversehrt den Flughafen und verließen Eritrea mit einer der letzten zivilen Maschinen, die noch abheben durften.

Eritrea wurde in lang anhaltende Kämpfe verwickelt, die 1978 sogar die sonst nur als Drahtzieher tätigen Sowjets ganz offen auf den Plan riefen. Sie zerbombten mit ihrer Schiffsartillerie die Hafenstadt Massawa. Schließlich wurde ganz Äthiopien mit einem langandauernden Bürgerkrieg überzogen, unter dessen Folgen die Menschen dort heute noch zu leiden haben.

Zu Hause begann für mich ebenfalls der Krieg, wenn auch ein anderer, nämlich der Ehekrieg. Meine Frau hielt mir immer wieder vor, ich sei so häufig auf Reisen. Ich hingegen konnte solch ein bürgerliches Leben, wie es ihr vorschwebte, nur ertragen, wenn zwischendurch mein Fernweh befriedigt wurde. Manchmal nagte es wie eine chronische Krankheit an meiner Seele und machte mich depressiv.

Ich brauchte mehrere Jahre, um die Bindung zu meiner Frau lösen zu können und war erst danach wieder frei für »Abenteuer« nach meinem Geschmack.

Injera-Küche in einem Restaurant in Asmara. Der Sauerteig wird auf heiße Steinplatten gegossen. Während einer Gefechtspause kutschierte uns die mutige Köchin in ihrem Opel Kapitän zum Flugplatz.

Rechte Seite: Königsstele in Axum (23 Meter). Dieser Granitmonolith soll Teil eines Grabmals für Könige des äthiopischen Reiches gewesen sein.

Alpamayo. Glitzernder Eisgipfel unter der Tropensonne (Cordillera Blanca, Peru).

Wanderer, kommst du nach Lima ...

Peru ist ein ganz besonderes Land. Nähert man sich vom Pazifik kommend der Küste, so ist der auf das sagenhafte Goldland Eldorado gespannte Reisende enttäuscht: Nebel, Wüste und nur wenige kleine Oasen an den Flußläufen. Von den Naturschönheiten, mit denen der Schöpfer Peru, das sechsmal so groß wie Deutschland ist, gesegnet hat, bekommt man hier nichts zu sehen. Erwähnenswert ist allerdings jene Stelle, wo der Rimac in den Ozean mündet. Hier gründete Francisco Pizzaro am 18. Januar 1535 die Stadt der Könige: Lima.
Um 1950 lebte etwa eine Million der insgesamt zehn Millionen Peruaner in Lima. Bis 1994 hat sich die Bevölkerung Perus verdoppelt, diejenige von Lima indes versiebenfacht! Es ist ein Moloch entstanden, ein riesiger Wasserkopf. Hinter der wüstenhaften Küste erhebt sich das Andenhochland mit fruchtbaren Tälern und glitzernden Eisgipfeln unter der Tropensonne. Weiter im Osten liegt der Urwald, der eigentliche Reichtum des Andenstaates. Ich habe Peru mehrfach als Tourist und Bergsteiger besucht. Und wenn ich heute wieder in die Stadt der Könige käme, würde ich wohl sagen: »Wanderer, kommst du nach Lima, dann paß auf deinen Geldbeutel auf!«
1985 war ich mit Erich Kronenthaler, Hellmut Seitzl und Heinz Kohler* in der Cordillera Blanca unterwegs. Wir bestiegen die schönsten und höchsten Gipfel Perus: Alpamayo und Huascaran. Neben den Arrieros, das sind Eseltreiber, arbeitete ein ruhiger, aber stolzer und selbstbewußter Indio aus der Sierra bei Huaraz im Santa-Tal für uns: Leonjo. Beim Abstieg vom Alpamayo kam er uns entgegen, um uns einen Teil der Lasten abzunehmen. Heinz Kohler sagte über diesen zuverlässigen Indio: »Als uns Leonjo entgegenkam, fiel uns auf, daß er zum erstenmal Bergstiefel trug. Bisher war er wie die Eseltreiber in einer Art Gummibereifung herumgelaufen, in aus alten Autoreifen hergestellten Sandalen. Des Rätsels Lösung: im Tal hatte inzwischen eine spanische Gruppe ihr Lager aufgeschlagen, deren ›Personal‹ mit Bergstiefeln

* Im August 1986 an der Kuchenspitze/Österreich tödlich abgestürzt.

ausgestattet war. So mußte unser Leonjo notgedrungen seine bisher im Rucksack versteckten Stiefel auspacken, um gegen die Konkurrenz nicht abzufallen. Leonjo, unser williger und treuer Helfer bei diesem Unternehmen, war verantwortlich für vier Proviantkisten, einen Gemüsesack, einen Karton mit lebenden Hühnern und für zwei Kästen Bier. Mit dieser Ausstattung sorgte er für unser leibliches Wohl, wobei er auch unter den widrigsten Bedingungen in kurzer Zeit eine Feuerstelle baute, aus dem Nichts Holz herbeizauberte und unter sparsamstem Holzverbrauch hervorragende Küchenleistungen vollbrachte. Während der Mahlzeiten war er besorgt, uns aufs beste zu bedienen, und erst wenn wir mit dem Essen fertig waren, teilte er sich die Reste mit den Eseltreibern.«

Nach unserer Rückkehr nach Huaraz hieß es Abschied nehmen von Leonjo. Erich schenkte ihm sein Schweizer Offiziersmesser als kleine Anerkennung und als Ausdruck unserer Zufriedenheit mit seiner Arbeit. Leonjo, der traurig zurückblieb, als wir uns auf den Weg nach Lima machten, um von dort weiter nach Ecuador zu reisen, hätte gerne für uns noch weiter gearbeitet.

Nach einem Vortrag über Peru meinte ein Journalist einmal, ich hätte den Indios die Seele wegfotografiert. Das ist Unsinn! Denn die Indios verlieren ihre Seele nicht durch die Touristen, die ihnen Arbeit und Brot geben, wenn es auch häufig nicht mehr als ein Zubrot ist. Ihre Seele verlieren sie unten in der großen Stadt, in dem Moloch Lima, der sie auffrißt.

Geldwechsler, Gaukler und Possenreißer beherrschen in Limas Fußgängerzone die Szene. Theaterspieler, Schwertschlucker und Leuchtstoffröhren-Fresser zeigen ihre Kunststücke, während dem beeindruckten Zuschauer inzwischen von Dieben die Taschen ausgeräumt werden, und das auch noch unter den Augen der Polizei.

Heinz, Erich und ich hatten uns ein Flugticket nach Ecuador gekauft und schlenderten durch das dichte Gedränge des Indiomarkts bei der Post in Lima. Ich hielt mich dicht hinter Heinz und forderte Erich auf, direkt hinter mir zu bleiben und meinen Fotorucksack, in dem nicht nur meine Leica, sondern auch meine Papiere verstaut waren, gut im Auge zu behalten. Wir wurden in der Menge vorwärts geschoben, aufgehalten und geschubst. Da passierte es! Blitzschnell hatte eine Indiofrau mit einem schreienden Baby auf dem Rücken meine Fototasche aufgeschlitzt, meine Dokumente unter ihrem Poncho verschwinden lassen und sich aus dem Staub gemacht. Es war unmöglich, ihr zu folgen, denn ein Dutzend scheinbar passiv in der Menge mitschiebende Indios umgaben mich hauteng. Ich hatte keine Chance, der Indiofrau meine Dokumententasche zu entreißen.

Da hatte ich das Malheur! Paß, Flugtickets und Tausende von US-Dollar in Reiseschecks waren weg! Die Damen im KLM-Büro staunten nicht schlecht, als ich ihnen noch völlig verstört erzählte, das vor einer halben Stunde gekaufte Ticket sei gerade gestohlen worden. Der Diebstahl war für die Indios völlig ohne Nutzen, denn bei der Beute war kein Bargeld.

Solche Vorfälle sind in Lima alltäglich und symptomatisch für das wirtschaftlich am Boden liegende Peru. Krasse soziale Unterschiede zwischen arm und reich führten zur Bildung einer als maoistisch eingestuften terroristischen Bewegung, dem Sendero luminoso (leuchtender Pfad), der mit Terroranschlägen und Massenmorden versucht, das herrschende politische System zu erschüttern. Daran hatte sich zunächst kaum etwas geändert, als man den Anführer fing und wie ein wildes Tier in einem stählernen Käfig durch die Straßen Limas führte. Doch einige Zeit darauf wurde es leiser um den Sendero luminoso, der deutlich an Leuchtkraft verloren hat.

Bei jeder Gelegenheit wird in Lima mit verschwenderischen Paraden eine nicht vorhandene Macht und Größe demonstriert. Dieser Glanz und die Hoffnung auf ein besseres Leben locken Tausende armer Indios in die große Stadt. Breite Elendsviertel rund um Lima mit Bambus- oder Papphütten, ohne sanitäre Einrichtungen, Wasser und Strom, die sogenannten Barriadas, zeugen von Landflucht, aber auch davon, daß die Hauptstadt diesen Menschen nichts zu bieten hat. In der täglichen Not verändert sich ihr Charakter: sie verlieren ihre Seele!

Die folgenden Tage war ich mit der Wiederbeschaffung meiner gestohlenen Dokumente beschäftigt. Erich und Heinz waren inzwischen nach Ecuador vorausgeflogen, um Vorbereitungen für die geplante Chimborazo-Besteigung zu treffen. Der Ersatz mei-

Fahrradmechaniker in Lima.

ner Flugtickets wurde von den Fluglinien unbürokratisch gehandhabt. Schwieriger war es, Ersatz für die Reiseschecks zu bekommen und einen neuen Paß zu beschaffen. Erst später bemerkte ich, daß ich durch den Diebstahl in den Besitz einer Rarität gekommen war. Mein neuer Paß war in Lima ausgestellt worden!
Zwischen den ermüdenden Behördengängen zog es mich immer wieder in das Gewühl der Fußgängerzone von Lima, zu den abendlichen Vorstellungen bei der Plaza Union, um mit dem »Feuer zu spielen«! Ich hatte natürlich keine Wertsachen mehr dabei, sie waren im Hotelsafe sicher untergebracht. Zu »Testversuchen« steckte ich mir aber Toilettenpapier in der Form einer Geldbörse in die Gesäßtasche meiner Jeans. Mit zum Schein in die Hüften gestellten Händen, die nur darauf lauerten, einen Dieb, der sich an der vermeintlichen Beute zu schaffen machen würde, ergreifen zu können, wartete ich auf meine Gelegenheit. In der Dämmerung war es schließlich soweit. Ich stand in einer Gruppe neben zwei Polizisten, die einem Gaukler zusahen, der gerade mit seinem in den Nacken gebogenen Kopf vorführte, wie man einen 20 Zentimeter langen Zimmermannsnagel durch die Nase in den Rachen schiebt, als ich spürte, wie sich jemand an meiner Jeans zu schaffen machte. Ich packte blitzschnell zu und drehte mich rasch um. Mit vor Angst weit geöffneten Augen stand der Toilettenpapier-Dieb vor mir und konnte sich nur mit Mühe aus meinem Griff befreien und verschwinden. Die verdutzten Polizisten neben mir kommentierten die Hautfetzen, die noch an meinen Fingernägeln hingen, durch eine anerkennende Kopfbewegung: »Schon ganz ordentlich!«
Der telefonische Kontakt mit meinen nach Ecuador vorausgeeilten Bergfreunden klappte nicht richtig, und am Vorabend meines Weiterflugs nach Quito besuchte ich noch einmal das Restaurant »Mille nove cento« in der Nähe der Plaza San Martin, wo früher die amerikanische Botschaft untergebracht war. Hier hatten wir mit Hellmut Abschied gefeiert, da sein Urlaub schon zu Ende war. Das »1900« hatte damals eine vorzügliche Küche und typisch spanisches Flair. Nach dem Essen spielte eine kleine Gruppe Indios mit Queña und Gitarre auf. In Gedanken sah ich noch einmal die farbenprächtig angezogenen Indiofrauen auf den Märkten im Hochland, unseren Leonjo, wie er das Federvieh in dem kleinen Meßzelt, das wir zum Kochen und Essen benutzt hatten, zwischen unseren Beinen als natürliche Heizung untergebracht hatte, und die glitzernden Andengipfel unter der Tropensonne. Ich träumte von Peru ...
Am nächsten Morgen fuhr ich mit dem Taxi zum Flughafen. Taxis sind in Peru reine Zweckfahrzeuge: sie fahren. Das ist aber auch alles. Jeden deutschen TÜV-Beamten würde beim Anblick dieser Vehikel auf der Stelle der Schlag treffen. Zersplitterte Scheiben, fehlende Scheibenwischer und Rückspiegel, bis auf die Leinwand abgefahrene Reifen, nicht funktionierende Hupe, Blinker, Scheinwerfer, Rücklichter, rundum verbeulte Karosserie, fehlende Kotflügel und Armaturenbretter, defekter Tacho, nicht schließende Türen sind eine Auswahl üblicher Mankos. Als wir mit dem Bus

Oben: Indiofamilie in der Sierra Perus.
Mitte: Festung Sacsayhuaman, Cusco.
Unten: Zeugnis indianischer Baukunst: Millimeterarbeit an den Fugen der Inkahäuser.

des »Comitee 14« von Huaraz in Lima angekommen waren, drängelten sich die Taxifahrer um uns. Der schnellste griff sich sofort zwei unserer sechs Seesäcke (je 20 Kilogramm) und wieselte um den Bus, mitten durch das abendliche Verkehrsgewühle, zu seinem Taxi, einem klapprigen VW-Käfer. Auf dem Dachgepäckträger, der nur noch mit einer Schraube fixiert war, verstaute er das gesamte Gepäck. Wir zwängten uns in das Wageninnere, und nachdem der Fahrpreis ausgehandelt war, ging die abenteuerliche Fahrt los. Mitten durch das Verkehrschaos der Innenstadt von Lima, wo Ampeln und Polizisten gegeneinander arbeiten, und die Autofahrer sich weder an die einen noch an die anderen halten, während die Fußgänger, ob rot oder grün, über die Straße laufen, brachte er uns wohlbehalten in unser Hotel. Ein andermal, auf dem Weg ins Goldmuseum, als wir die Autotüren von innen zuhalten mußten, wunderten wir uns, warum der Fahrer immer den Arm zum offenen Fenster herausbaumeln ließ und in bedrohlichen Situationen mit geballter Faust dröhnend auf die Karosserie hämmerte. Die Erklärung war einfach: die Hupe war defekt. Und in Huaraz, bei einem Ausflug zu den Puya Raimondii, benötigte der Taxifahrer erst einmal einen Vorschuß, um tanken zu können, was nicht verhindern konnte, daß ihm bei der Rückfahrt der Sprit ausging.

Zeltlager unter dem Südgipfel des Huascaran, höchster Gipfel Perus. Vor dem Zelt von links Heinz Kohler, Hellmut Seitzl und Erich Kronenthaler.

In Quito angekommen, machte ich mich sofort auf die Suche nach meinen Freunden Heinz und Erich. Am vereinbarten Treffpunkt, Hotel Inka, waren sie zwar abgestiegen, aber inzwischen über alle Berge! Oder sie hatten mit meinem so schnellen Auftauchen nicht gerechnet und ihre Pläne geändert.
Ich fuhr mit einem öffentlichen Bus über Ambato Richtung Guaranda, zwischen Indios und Mestizen auf der letzten Bank eingepfercht. Meinen Rucksack mit der Ausrüstung für die Chimborazo-Besteigung ließ ich nicht aus den Augen und packte ihn zwischen meine Knie auf den Boden des Vehikels. Mit Heinz und Erich hatte ich noch in Lima ausgemacht, daß sie Lebensmittel kaufen und in Quito auf mich warten sollten, um dann gemeinsam mit mir von dem Dorf Pogyos aus die Route über das »Nido de Condores« am Chimborazo anzugehen. Ohne daß ich es ahnte, begann für mich eine tagelange Odyssee durch das Andenhochland. Bis ich dem kaum Spanisch, sondern nur Quechua sprechenden Busfahrer klargemacht hatte, wo ich aussteigen wollte, nieselte es, und die Regenwolken ertränkten die braungrünen Grashügel in Dunst. Ein trostloses Bild. Die Indios hatten ihre Ponchos enger um den Hals gezogen und bequemten sich zu keiner überflüssigen Bewegung, um mir Platz zu machen, damit ich bei Pogyos aus dem Bus käme. Nur zwei bis drei Grashütten gab es dort. Ich wartete erst einmal eine Stunde, bis der Regen etwas nachließ und ich den unteren Teil des Chimborazo, der oben in dunklen Wolken verschwand, erahnen konnte. Es war nur noch eine Stunde Tag, und mit der Stirnlampe suchte ich mir einen Weg Richtung Nido de Condores. Ich kam etwa bis auf 4000 Meter und war hundemüde, da ich in Lima um vier Uhr morgens aufgestanden war. Als ich mich mit dem Schlafsack zwischen die Grasbüschel legte, war ich zutiefst entmutigt; dazu trug natürlich auch die Tatsache bei, daß ich hungrig und durstig war und weder Lebensmittel noch Getränke bei mir hatte. Nachts windete es, und morgens ging der Regen in Schnee über. Mein Schlafsack war zum Auswringen naß!
Ich stieg über Moränen, eine mühsamer als die andere, bis auf 5000 Meter auf. Um bis zum Gletscher auf 5400 Meter zu kommen, mußte ich nach Nordosten queren. Die Sicht wurde immer schlechter. Inzwischen waren etwa zehn Zentimeter Neuschnee gefallen. Ich rief immer wieder nach Heinz und Erich. Aber meine Rufe wurden vom Wind und den Schneeflocken verschluckt. Meine Spur war zugeschneit.
Enttäuscht beschloß ich umzukehren und fand mit meinem instinktiven Orientierungssinn wenigstens die Straße nach Ambato wieder. Völlig »groggy« setzte ich mich neben den Straßengraben und wartete auf eine Mitfahrgelegenheit zurück nach Quito, das mehrere Fahrstunden entfernt liegt. Mein leerer Magen ging mit meiner Kondition hausieren, und ich hätte nicht mehr weit laufen

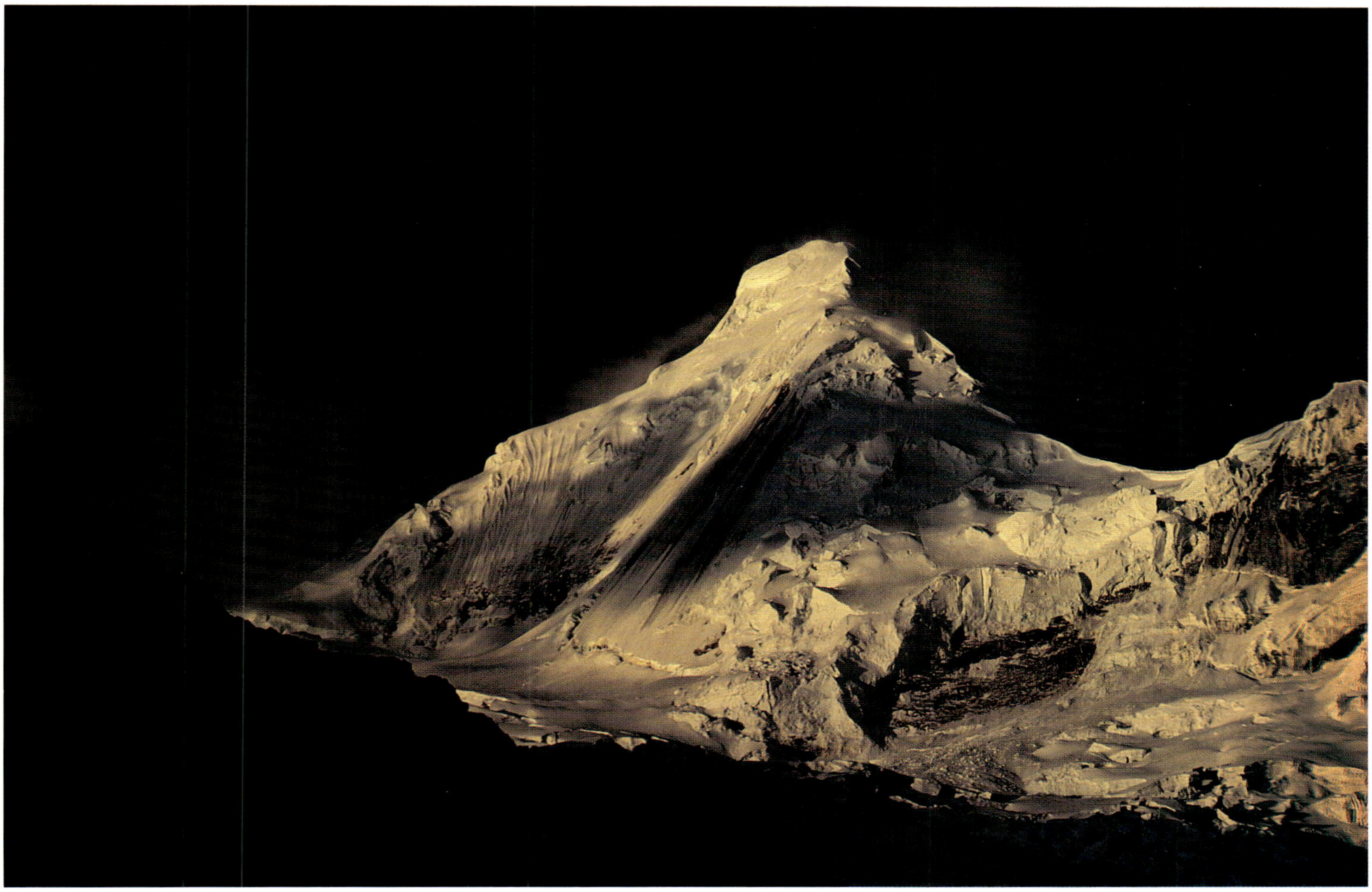

Tocllaraju in der Cordillera Blanca, Peru.

können. Am späten Nachmittag las mich ein Busfahrer auf, der sein Unfallgefährt nach Ambato in eine Werkstatt fuhr. Im Bus waren alle Sitze ausgebaut. Das Chassis war vom Boden zur Decke fast einen Meter verbogen, da sich der Bus bei einem Unfall überschlagen hatte. Der Fahrer schenkte mir eine Staude kleiner, aromatisch schmeckender Bananen. Er muß mir meinen Hunger angesehen haben. Unterwegs wurden noch wie selbstverständlich Indios zugeladen, die auf dem Bodenblech Platz nahmen und sich in ihre Ponchos verkrochen, da es durch die zersplitterten Scheiben hineinregnete. Spät in der Nacht kamen wir in Ambato an, weil der Bus die ganze Zeit kaum mehr als Schrittempo fahren konnte! Es war zu spät für eine Weiterfahrgelegenheit nach Quito, und so biwakierte ich in dem Omnibuswrack. Immerhin war es ein kostenloses Quartier.

Zurück im Hotel Inka in Quito schrieb ich meinen beiden treulosen Freunden am 28. August 1985 einen geharnischten Brief:

»Ihr zwei vom Nido de Condores!

Wahrscheinlich glaubt Ihr, daß ich wegen der Bürokratie in Lima oder wegen des schlechten Wetters nicht zu Euch gestoßen bin. Weit gefehlt! Ich hatte schon am Montagnachmittag meinen Paß komplett, da mir ein Taxifahrer, der früher im Innenministerium gearbeitet hatte, zeigte, wie man ganz schnell den Disembarque-Stempel, der in meinem gestohlenen Paß war, mit Schmiergeld wiederbekommt. Warum habt Ihr mich nicht, wie bei unserem Samstag-Telefonat vereinbart, am Montagabend angerufen? So lange hättet Ihr doch warten können! Zum Rückflug bleibt noch genügend Zeit, auch wenn der Gipfel des Chimborazo erst am Samstag gemacht wird. Warum konntet Ihr nicht bis Montag warten? Inzwischen war ich am Nido de Condores und wäre, wenn ich Kocher und Zelt dabei gehabt hätte, auch alleine weiter bis zum Gipfel gegangen. Ich bin unheimlich sauer auf Euch!! Ekke«

Kaum hatte ich den Brief an der Rezeption hinterlegt, erinnerte sich der Portier daran, daß Heinz mir eine Nachricht mitsamt ihrer Reiseroute dagelassen hatte. Guaranda! Also sofort wieder den Rucksack geschnappt und ab mit dem nächsten Bus. Der Hotelbesitzer in Guaranda gab mir den Brief von Heinz, der alles erklärte. Heinz und Erich hatten unseren Plan geändert und waren auf die 5000 Meter hohe Whymper-Hütte gegangen, oder besser ge-

Oben: Heinz Kohler erfrischt sich nach dem Abstieg vom Alpamayo.
Mitte: Lava-Wüste bei Guaranda am Chimborazo.
Unten: Verbogener Bus auf der Fahrt von Pogyos nach Ambato. Stehend: Ekke.

sagt: Sie waren bis 4700 Meter die Piste im Lavasand mit dem Jeep gefahren. Ich suchte mir ein Allrad-Taxi und machte mich auf den Weg zur Whymper-Hütte. Diese ist nach dem Engländer Edward Whymper benannt, der nicht nur als erster das Matterhorn, sondern auch den Chimborazo bestiegen hatte. Als mein Taxifahrer mit seinem Jeep im Lavasand steckenblieb, gab ich nicht auf. Den Chimborazo wollte ich mir auf keinen Fall entgehen lassen! Ich bot ihm meine eigenen Fahrkünste an, umsonst. Der Mann hatte Angst um seinen alten Toyota. Wütend wegen dieses weiteren Mißgeschicks fuhr ich nach Guaranda zurück. Bestand der Rest der Reise denn nur noch aus Pleiten, Pech und Pannen?
Mit meinem ungeschickten Fahrer beschäftigte ich mich nicht mehr und verweigerte ihm sogar die Bezahlung, weil er mich nicht an mein Ziel gebracht hatte. Ich bot dem Hotelbesitzer den doppelten Fahrpreis, worauf der hocherfreut einwilligte, mich bis zur Whymper-Hütte zu bringen. Vorher mußten wir aber noch den Dorfpolizisten abwimmeln, den der unfähige Taxifahrer mobilisiert hatte, um an sein Geld zu kommen. Der Hotelier wußte, wie man im metertiefen feinen Lavasand mit dem Jeep zu fahren hatte. Und so traf ich Erich und Heinz, die gerade vom Chimborazo heruntergekommen waren. Erich sah wohl ein, daß es so nicht ging. Sie hatten mich ja regelrecht »verladen«. Am Montagmorgen (noch in der Nacht) sollte unsere Maschine von Quito nach Frankfurt fliegen. Es blieb somit nur noch ein Tag für die Besteigung und die Rückfahrt nach Quito. Eine äußerst knappe Angelegenheit. Da durfte nichts mehr schiefgehen.
Skeptisch wartete Heinz auf uns im Hotel in Guaranda, während Erich mit mir noch in derselben Nacht losstieg. Bei Sonnenaufgang erreichten wir das Gipfelplateau zwischen den beiden Spitzen des Vulkans. Es war so groß wie ein Fußballplatz! Der Abstieg vom Chimborazo gestaltete sich viel heikler als der nächtliche Aufstieg. Anfangs kamen wir bequem in dem teilweise hüfttiefen »Schützengraben« voran, den wir bei der Besteigung in den lockeren Schnee gepflügt hatten. Aber dann mußten wir, ausgesetzt, die in der Sonne glitzernden Blankeisfelder queren. Das ging nur mit voller Konzentration und angespannten Nerven, kein Fehltritt durfte vorkommen, oder wir würden unten, 500 Meter tiefer, im Lavageröll liegen.

Ausblick vom Sattel zwischen den beiden Huascaran-Gipfeln auf die Cordillera Blanca. Von links: Alpamayo, Artesonraju, Pyramid, Chacraraju (Doppelgipfel vorn), dahinter Pucahirca und Taulliraju.

Zu Fuß stiefelten wir stundenlang durch die Sandwüste zurück nach Guaranda, das wir am späten Nachmittag erreichten. Nach Ambato konnten wir mit dem Bus fahren, doch war die Fahrt so langsam, daß wir den letzten Anschluß nach Quito verpaßten und ein Taxi suchen mußten. Der Fahrer schaffte es, uns zwei Stunden vor Abflug am Flughafen abzuladen.

Bei dieser Reise fand ich meinen Stil für alle kommenden Unternehmungen. Fortan ließ ich mich durch kein Mißgeschick von den mir selbst gesteckten Zielen abhalten.

Auf dem »Plateau der Falle« unter dem Kun-Gipfel.

SOS am Kun

Rettung aus Bergnot im indischen Himalaya

Die Zwillingsgipfel Nun (7135 Meter) und Kun (7085 Meter) im Zanskar-Himalaya sind zwischen Nanga Parbat und dem Garhwal-Himalaya die einzigen Gipfel, welche über 7000 Meter aufragen. Das vergletscherte Haupt des Nun heißt bei den Einheimischen Mer (Salz), während die Spitze des Kun, der nach Südwesten mit einer gewaltigen Felswand abbricht, als Ser (Fels) bezeichnet wird. Die Besteigung des Kun im Jahre 1987 war eigentlich als Trainingstour für eine neue Route am Nanga Parbat gedacht. Nach zweijährigem zähen Tauziehen mit den Behörden hatte ich endlich grünes Licht für die Besteigung des 8125 Meter hohen Himalaya-riesen im Kashmir-Himalaya erhalten. Wie schnell aus einer Trainingstour blutiger Ernst werden kann, zeigten die Tage am Kun. Die kommerziell organisierte Expedition umfaßte 14 Bergsteiger und mich als Leiter. Zwei Monate vor Expeditionsbeginn trafen wir uns in einem Camp an den Hängen des Piz Palü in den Schweizer Alpen, um uns kennenzulernen und das Material zu testen. Die ganze Nacht über orgelte der Sturm und zerfetzte ein Zelt. Es ging gleich los mit den Problemen. Einer der Aspiranten, Nummer 15, hatte in dieser stürmischen Nacht nichts Besseres zu tun, als einen Nierenstein zu gebären ... und schied aus. Über Srinagar, im indischen Bundesstaat Kashmir, erreichten wir Ladakh. Alle waren beeindruckt von der märchenhaften Umgebung der Hausboote am Dal-See in Srinagar und dem Kontrastprogramm in Ladakh: hart und endlos, eine Landschaft archaischen Zuschnitts. Das blendende Wetter sorgte für beste Laune. Ein indischer Busfahrer setzte uns am Ufer des Suru-Flusses bei Gulmatang (3850 Meter) an der Nordseite des Kun ab. Das erste zu überwindende Hindernis sollte der Suru-Fluß sein, an dessen rechter Seite wir lagerten. Erst testete ein Bergfreund aus Pfronten unfreiwillig seine kleine Rollei 35, ob sie sich wohl als Unterwasserkamera eigne, dann versuchten polnische Bergsteiger, die den Suru-Fluß ebenfalls überqueren wollten, die von uns bereits bezahlten Pferdetreiber zu bestechen, damit sie vor uns die 40 Pferde bis zum Basislager benutzen konnten. Unser Begleitoffizier, der uns von der Indian Mountaineering Foundation

1987 gab es bei Gulmatang keine Brücke über den Surufluß.

zugeteilt worden war, wie auch ich selber bemühten uns, den Polen auf freundliche Weise verständlich zu machen, daß wir ihnen die unter unserem Kontrakt stehenden Pferde gerne zur Verfügung stellen würden – aber ein paar Tage später. Da sie drei Monate Zeit hatten, um den Zwillingsgipfel Nun zu besteigen, sahen wir überhaupt keine Probleme. Doch die Polen blieben uneinsichtig. Ihr unhöfliches Verhalten ließ die Vermutung zu, daß sie mit dem Düsenjäger durch die Kinderstube geflogen sein mußten, denn sie beschimpften den Begleitoffizier als »Naziknecht«. Als sie später, nach Abschluß unserer Expedition, sahen, daß wir nicht nur sehr gute Ausrüstung, sondern auch begehrte Expeditionsnahrung in Hülle und Fülle hatten, bettelten sie. Ich gab unserem Schweizer Teamgefährten Flori Beusch einen Wink, worauf er ihnen den ganzen Krempel schenkte.
Einer in unserer Gruppe stammte aus Köln, er war klein, drahtig und hatte keine 60 Kilogramm Gewicht. Der Suru-Fluß mit seinem eiskalten Schmelzwasser führte Hochwasser, was für den kleinen Conny zum Problem wurde. Er verlor beim Überqueren den Boden unter den Füßen und wurde schon weggerissen, als sein Nachbar im letzten Augenblick zupackte. Conny wäre sicher ertrunken! Er war an diesem Tag sehr nachdenklich, weil er genau gespürt hatte, daß er gerade noch einmal davongekommen war und er sich künftig vorsehen mußte. Beim Rückweg stand ja die Überquerung des Flusses wieder auf dem Programm. Conny entdeckte inmitten unserer Vorräte seine Leibspeise: Quarkdessert Banane, gefriergetrocknet. Niemand machte sie ihm streitig, und so konnte er während der Kun-Expedition über 100 Pakete davon vernaschen, um auf diese Weise Gewicht für die vier Wochen danach anstehende Flußüberquerung aufzubauen. Anfang Juli 1987 gab es am Kun noch jede Menge Schnee. Mit Wehmut dachte ich an meine Ski, die man hier über weite Strecken hätte sinnvoll einsetzen können. Statt sich im Sulz vom Berg herunterzuquälen, wäre im Firn ein elegantes und leichtes Schwingen möglich gewesen.
Vier Stunden vor dem eigentlichen Basislagerplatz (4400 Meter) machten die Pferdetreiber am Beginn des Gletschers in 4000 Meter Höhe halt. Die Küche blieb unten im Moränenlager, und wir schleppten im Pendelverkehr zwei Tage lang eineinhalb Tonnen Material auf 4400 Meter und nannten diesen Platz advanced base camp. Oder kurz und bündig: ABC. Von den vier Hochträgern waren nur zwei in der Lage, Lasten zu tragen. Die anderen beiden setzte ich als Essensträger für die Strecke zwischen Moränenlager und ABC ein, damit wir wenigstens ab und zu über Funk bestelltes Essen von unserem indischen Koch bekamen. Reis, Kartoffeln und Fleisch waren in dieser Höhe nur in Drucktöpfen gar zu bekommen, und die wurden eben im Moränenlager benötigt. Ich hatte allerhand zu organisieren und stand ständig unter »Strom«. Unsere Gruppe arbeitete zielstrebig und kooperativ, weshalb wir zügig unsere letzten beiden Zeltlager oberhalb einer steilen Schneeflanke aufbauen konnten. Mit von der Partie waren auch meine beiden alten Weggefährten Erich und Hellmut, waren sie doch als Teilnehmer der für 1988 geplanten Nanga-Parbat-Expedition vorgesehen.
Unsere Essensträger brachten regelmäßig vom Moränenlager gutes indisches Essen hoch, das wir nur aufzuwärmen brauchten. In der Soße fanden wir allerdings nie Fleisch, sondern immer nur Knochen. Das kam mir schon sehr seltsam vor, denn ich hatte dem Koch per Funk klipp und klar gesagt, wir würden uns auf Entenbrust und Schafsfleisch freuen. Ich nahm Rücksprache, und dann dämmerte es mir: Die beiden Essensträger brauchten für den Weg zum ABC immer deshalb so lang, weil sie sich unterwegs über das Fleisch hermachten und uns nur die Knochen übrigließen.
Ich hatte mir zum Ziel gesetzt, die gesamte Mannschaft auf den Gipfel zu bringen. Aus diesem Grund bildeten wir zwei Gruppen, die mit einem Tag Abstand so operieren sollten, daß wir die jeweiligen Lager voll nutzen konnten. Denn das Lager 2 war nur 200 Meter tiefer als das letzte Lager vor dem Gipfel (6400 Meter), dazwischen lag aber das etwa zweieinhalb Kilometer lange »Plateau der Falle«. Hellmut Seitzl sollte die erste Gruppe leiten, ich käme dann mit der zweiten Gruppe nach, in der sich auch drei

Der Herzogenauracher Bergsteiger Dieter Hirche auf dem Gipfel des Kun. Am Horizont der Nanga Parbat.

Unser zweites Zeltlager am Kun. Der Felsgipfel bricht nach Osten hin mit einer Sérac-durchsetzten Eisflanke ab.

etwas schwächere Bergsteiger befanden. Mit Hilfe von Beusch, Herrmann und Kronenthaler, die alle drei sehr gute Bergsteiger waren, hoffte ich, diese hinaufführen zu können.

Die erste Gruppe erreichte morgens etwa um 9.00 Uhr den Gipfel des Kun. Hellmut war der erste, der in den Genuß der grandiosen Aussicht kam. Im Nordwesten, etwa 150 Kilometer entfernt, sahen sie den Nanga Parbat mit seinen 4500 Meter hohen Südostabstürzen. Die Sechsergruppe erlebte eine Gipfelstunde wie im Märchen. Alles deutete darauf hin, daß der Rest der Mannschaft mit mir am nächsten Tag nur noch routinemäßig nachrücken brauchte. Die äußeren Umstände ließen einen Erfolg erwarten, und doch war das Unheil schon vorprogrammiert.

Eine Vorahnung streifte meine Gedanken schon zu einem Zeitpunkt, als die Sechsergruppe sich gerade anschickte, den Gipfel zu betreten. Ich war im obersten Lager angekommen und fand in einem der beiden Zelte das Funkgerät, das Hellmut Seitzl hätte mitnehmen sollen. Diese Vorsichtsmaßnahme war für Notfälle gedacht. Die Gruppe stieg ab, aber drei der Bergsteiger blieben an einer Spalte in der Steilflanke etwa 200 Meter unter dem Gipfel stehen. Ab 11.30 Uhr hörte man Hilferufe, immer wieder. Bei der mittäglichen Hitze konnte indes niemand so schnell aufsteigen und ihnen helfen. Beim nächsten Funkkontakt mit dem Basislager benachrichtigte ich den Begleitoffizier über die Vorkommnisse und bestätigte eine halbe Stunde später den Notruf, um einen Hubschrauber der indischen Armee aus dem etwa 90 Kilometer entfernten Kargil anzufordern.

Wenig später verstummten die Rufe, und vier Bergsteiger setzten ihren Weg nach unten fort. Bald darauf kam Hellmut im obersten Lager an. Er war von der Hitze so ausgedörrt, daß er Mühe hatte, über die Vorgänge unter dem Kun-Gipfel zu berichten. Die Strahlungshitze beim Abstieg hatte ihn fertiggemacht. Nur mit größter Anstrengung konnte er folgendes erzählen: »Morgens um 3.00 Uhr waren alle aufgebrochen. Um Gewicht zu sparen, wollte niemand ein Seil mitnehmen. Der Gipfel war zum Greifen nah. Und ein Funkgerät wurde nur als unnützer Ballast empfunden. Schließlich habe ich als Ältester wenigstens ein Seil eingepackt. Manfred Schulze* hat immer wieder an seiner

*Name geändert

Absturzstelle: Rechts Kurt Wildensinn und Dieter Hermann, die den Schwerverletzten vor dem weiteren Absturz sicherten. Links weitere, für den Abtransport notwendige Helfer.

defekten Steigeisenberiemung rumgenestelt. Da ist ihm morgens der Fotoapparat von der Schulter gerutscht und etwa 200 Meter unter dem Gipfel in eine Spalte geschlittert. Auf dem Rückweg wollte er nachsehen ... Den Fotoapparat hat er nicht mehr gefunden, und anschließend konnte er aus unerklärlichen Gründen nicht am Seil aus der Spalte steigen.« »Sauber«, dachte ich mir, »das wird eine teure Suchaktion, wenn jetzt auch noch der Hubschrauber nach dem Fotoapparat suchen kommt.« Der Notruf war nicht mehr rückgängig zu machen. Der Begleitoffizier war nur mit großer Mühe durch den Suru-Fluß gekommen. Beim nachmittäglichen Hochwasser hatte er gar Kopf und Kragen riskiert und sich dabei das Schlüsselbein und den Arm gebrochen. Er war unterwegs in Richtung Kargil, außerhalb der Reichweite unserer Funkgeräte.
Die vier, die ihren Weg nach unten fortgesetzt hatten, stiegen im Schneckentempo ab. Der Schnee wurde immer weicher und der Abstieg immer mühsamer. Deshalb schickte ich ihnen Kurt Wildensinn und Dieter Herrmann mit Getränken entgegen, und zur Sicherheit gab ich ihnen noch ein Funkgerät mit. Kurt und Dieter waren etwa eine Stunde unter äußerster Mühe, weil bis zu den Knien in den sulzweichen Firn einsinkend, aufgestiegen, als sich eine gefährliche Situation entwickelte: Schulze und Dolenga waren im weichen Schnee gerutscht, kamen aber glücklicherweise fünf Meter vor einem steilen Eisabbruch zum Stehen. Ihre Bewegungen waren schleppend und langsam, sie mußten furchtbar müde sein. Sie waren höchstens noch zweihundert Höhenmeter vom obersten Lager entfernt, wo ich mit Getränken und Suppe wartete. Da machte Schulze einen katastrophalen Fehler. Um den in Serpentinen verlaufenden »Schützengraben« im weichen Schnee abzukürzen, rutschte er auf seiner Nylonhose bis zur nächsten Serpentine, wo er Halt fand. Darauf schob er zweimal mit den Händen an, erreichte bald im steiler werdenden Hang eine Geschwindigkeit, die er nicht mehr abbremsen konnte, und stürzte fast 100 Meter ab. Die letzten zwölf Meter davon frei fallend über einen überhängenden Eisabbruch. Die Arme weit ausgebreitet, schlug er mit der rechten Seite auf einem nur etwa einen Meter breiten Schneegrat auf und blieb wie durch ein Wunder mit dem Kopf in der bergseitigen Spalte liegen, während ein Bein an einer Eiswand herunterhing, die direkt vor unserem Zeltlager endete. Außer Dolenga hatte niemand von der Gipfelgruppe den Absturz Schulzes bemerkt. Per Funk machte ich Kurt und Dieter auf die Situation aufmerksam und dirigierte sie an die Unfallstelle. Schulze spuckte Blut aus der Lunge und hatte starke Knochenbruchschmerzen im Brustkorb und im rechten Hüftgelenk. (Die spätere Diagnose in Srinagar lautete: Fraktur im rechten Hüftgelenk, zehn Rippenfrakturen und Lungenriß rechts.) Da Schulze absturzgefährdet war, mußte er erst einmal angeseilt und geborgen werden! Dies konnte den Umständen entsprechend nur unter wahnsinnigen Schmerzen geschehen. In einer solchen Höhe (6400 Meter), noch dazu mit einer Lungenverletzung, hatte Schulze kaum Überlebenschancen. Bei einem Schlechtwettereinbruch würde die gesamte Mannschaft zusammen mit ihm auf dem Hochplateau in der Falle sitzen. Schulze wurde die ganze Nacht von Thomas, einem Medizinstudenten, versorgt. Um 2.00 Uhr morgens trat ich vor das Zelt, um das Wetter zu prüfen. Über Kashmir blitzte es, und ein Wetterumschlag zeichnete sich ab. Es begann ein Wettlauf mit dem Tod, denn bei einer Verschlechterung konnte sich kein Hubschrauber in die Höhe wagen. Ich legte mich nicht mehr in den Schlafsack, sondern fing an zu packen, um unseren Abmarsch vorzubereiten. Als die Mannschaft vom Lager 3 aus den Zelten kroch, hatte ich das Frühstück schon fertig und begann unverzüglich mit dem Abbruch des Lagers. Erich und Thomas verpackten den auf einer Schaummatte liegenden Schwerverletzten in einer Paketverschnürung so, daß wir ihn über das kilometerlange »Plateau der Falle« ziehen konnten. Damit dieser »Nobelschlitten« besser glitt, hatten sie ein Nyloninnenzelt unter die Matte

Noch vor dem sich abzeichnenden Wettersturz wird der Schwerverletzte gut und warm verpackt über das »Plateau der Falle« geschleift. Unten: Elf Teilnehmer der Kun-Expedition 1987 zurück im Hausboot »Nanga Parbat« in Srinagar. In ihrer Mitte der indische Begleitoffizier mit Gips und Armschlinge.

gebunden. Schulze war beim Transport nur ab und zu ansprechbar, er schien in einem kritischen Zustand und dämmerte dahin. Mittags erreichten wir das zweite Lager am anderen Ende des Plateaus. Ich ging unverzüglich die steile Flanke zum Shafat-Gletscher hinunter und überprüfte die Verankerungen des Fixseils, während Flori Beusch den Abbruch des Lagers koordinierte. Wieder oben angekommen, schickte ich alle bis auf vier Männer, die den Abtransport über die Flanke bewerkstelligen sollten, hinunter auf den Shafat-Gletscher, um dort mit Erich den Lagerplatz für die kommende Nacht herzurichten. In die schräge Querung unter dem Plateau vergrub ich bis zum ersten Fixseil Bambusprügel als Schneeanker und sicherte die Querung mit drei Bergseilen ab. Inzwischen schneite es, und die Schauer deckten Schulze, der oben am Rand des Plateaus lag, mit einer Schicht Schnee zu. Wildensinn, Theuerkauf, Müller und Beusch schleiften ihn unter unsäglichen Mühen die schräge Querung bis zum ersten Fixseil. Sie arbeiteten bis zur totalen Erschöpfung und kämpften um sein Lebenslicht, das nur noch mit einer allmählich erlöschenden Flamme zu vergleichen war. Ich erinnere mich noch an das vom Schrekken gezeichnete Gesicht Kurts, als er mich fragte: »Wer bringt denn jetzt Schulze über die Eiswand runter?«, und ich ihm antwortete: »Wir!« – Und nach einer Pause: »Sonst stirbt er!«

Der Schnee, der im Sturm die Eisflanke runterwehte, deckte Schulzes Paketverschnürung wie einen weißen Sarg zu. Des öfteren mußten wir sein Gesicht frei machen, damit er atmen konnte. Er dämmerte vor sich hin und phantasierte: »Was hab ich euch denn getan, daß ihr mir solche Schmerzen zufügt?« Er merkte nicht einmal, daß wir um sein Leben kämpften!

Noch vor Einbruch der Dunkelheit schafften wir es, das Lager in 5700 Meter, das inzwischen unter Erichs Koordination hier entstanden war, zu erreichen. Erich war sehr deprimiert. Ein Zelt war ihnen im Sturm geradezu aus den Händen gerissen worden, und einer seiner Begleiter hatte sich schlichtweg geweigert, beim Aufbau des Lagers zu helfen. Im Moment hatte ich keine Zeit für Erichs Kummer, wollte mir diesen »Kameraden« aber später vorknöpfen! In seiner Paketverschnürung liegend, hatten wir Schulze in ein Innenzelt eingewickelt und brauchten deshalb am Lager nur ein Außenzelt darüber aufzubauen. Um dieses schaufelten wir einen Wall aus Schnee, so daß das schlechte Wetter ihm nichts anhaben konnte.

Schulzes Schicksal war weiterhin ungewiß. Bei zweien der Mannschaft spürte ich Absetzungsversuche, dabei war auch der vorhin erwähnte »Kamerad«. Ich unterband dies mit dem Hinweis, daß wir alle – und zwar ohne Ausnahme – so lange den Schwerverletzten nach unten transportieren, wie er lebt! Für einen Moment entstand eine bedrückende Stille, ich meine, bei einem der beiden auch so etwas wie Scham über seine Schwäche verspürt zu haben. Die Lage war ernst und erforderte klare Anweisungen.

Am nächsten Morgen (26. Juli 1987) war das Wetter weiterhin schlecht. Schulze hatte sich während der Nacht im warmen Zelt völlig frei gemacht, die Schiene abgenommen und verlangte in seinem schlimmen Zustand von mir frische Unterhosen! Sein Paß, den wir ihm um den Hals gehängt hatten, war völlig besudelt, und als Müller, Dolenga und Kronenthaler ihn für den Transport fertig machten, wurde es Erich von dem Geruch im Zelt so schlecht, daß er Kreislauftabletten brauchte. Weiter unten, beim sogenannten »Hasen«, seilten wir Schulze noch zweimal ab, dann erreichten wir Lager 1 (5200 Meter). Hier war es schon bedeutend wärmer. Die zwei Hochträger waren heraufgekommen, außerdem Seitzl und Hirche, die sich wieder etwas von ihrer Erschöpfung erholt hatten. Lager 1 wurde geräumt, und was wir nicht tragen konnten, schleiften wir einfach über den Schnee hinter uns her. Nachmittags kamen wir unter die Nebelgrenze. Eigenartigerweise bekamen wir weder mit dem Moränenlager noch mit dem ABC Funkkontakt. Deshalb schickte ich Dieter Herrmann mit einem Funkgerät ins Moränenlager, er sollte den Hubschrauber zu uns hoch lotsen und nur im Notfall vor dem 16-Uhr-Termin funken!

Immer häufiger wurde der zurückgeschmolzene Schnee durch Geröllinseln unterbrochen; deshalb bauten wir mit fünf armdicken Bambusstäben an der Oberseite der Paketverschnürung eine Trage. Wir schleppten Schulze von Moräne zu Moräne, dazwischen schleiften wir ihn wieder über kurze Schneefelder. Immer öfter war eine Rast notwendig. Einmal weiteten sich seine Pupillen trotz des hellen Tageslichts, und ich dachte schon: »Jetzt ist es vorbei!« Aber Schulze war zäh. Sein starkes Herz gab nicht auf.

Plötzlich hörten wir Motorengeräusch. Ein Hubschrauber flog hoch bis in die Wolken. Der Pilot sah uns nicht. Offensichtlich suchte er uns bei den Koordinaten, die ich drei Tage zuvor dem Begleitoffizier beim Notruf mitgeteilt hatte: auf 6400 Meter Höhe. Was für eine Enttäuschung! Dieter, den ich zum Moränenlager geschickt hatte, mußte dort unten angekommen sein, denn den Notkontakt hatte er nicht wahrnehmen müssen. Das war Schulzes letzte Chance!

Nach einer längeren Beratung wurde Schulze in ein Zelt gebracht. Wir warteten. Etwa eine Stunde später, pünktlich zum vereinbarten Funktermin, tauchte 50 Meter vor uns eine Alouette hinter der Moräne auf, der Lotse Dieter war mit an Bord!

Die Piloten hatten Probleme, Schulze auf der Rückbank unterzubringen. Die geschienten Beine paßten nicht hinein. Schließlich drückten sie ihn mit sanfter Gewalt in den Hubschrauber, daß Schulze vor Schmerz kurz die Augen verdrehte. Sie banden die Tür mit einer Reepschnur fest, während seine Beine draußen in der Luft hingen. Er war unterwegs nach Srinagar. Gerettet!

Später erfuhren wir, daß der inzwischen knapp gewordene Sprit nur noch für einen letzten Suchflug zum ABC und zurück zum Moränenlager gereicht hatte. Wir trafen Schulze neun Tage später in Neu-Delhi wieder und nahmen ihn auf einem »Stretcher seat« der Air India mit nach Europa, wo er sofort operiert wurde. Vorher hatten wir, völlig abgemagert und ausgehungert wie wir waren (ich hatte zum Beispiel zehn Kilogramm Gewicht verloren), das kalte Buffet des Nobelhotels »Tadj Mahal« innert einer Stunde leergeräumt.

Mehrere Teilnehmer dieser Expedition waren weiterhin sauer, weil sie wegen dieser Unachtsamkeit auf den Gipfel hatten verzichten müssen. So auch Erich. Er trat deshalb sogar von der Nanga-Parbat-Expedition 1988 zurück und schrieb mir etwa drei Monate nach der Rettungsaktion am Kun, bei der er sich uneigennützig bis an die Grenze seiner Belastbarkeit eingesetzt hatte, einen erklärenden Brief:

»Lieber Ekke! Daß ich große Probleme habe, bei diesem an sich phantastischen Unternehmen mitzumachen, möchte ich Dir schreiben. Die Gründe sind offenbar: brutaler Egoismus und damit Gefährdung der gesamten Gruppe...«.

Zu Hause in Konstanz löste sich die enorme nervliche Anspannung bei mir nur zögernd. Meine Frau beobachtete, daß ich anfangs sehr unruhig schlief und kurz nach dem Einschlafen immer von Muskelzuckungen geschüttelt wurde. Die geglückte Rettungsaktion machte mich aber seelisch ausgeglichen, sodaß ich gar nicht auf den Gedanken kam, der entgangenen Gipfelbesteigung nachzutrauern.

Ladakhi beim Tsampa-Rösten.

Kloster Lamayuru, nördlich vom Kun in Ladakh. Hart und karg. Eine Landschaft archaischen Zuschnitts.

Schlüsselstelle der Diamirflanke: Am 10. 07. 1989 solo in der oberen Löw-Eisrinne (blankes Eis, bis 60° steil). Unterhalb der Sonne liegt die fast senkrechte Kinshoferwand in etwa 6000 Meter Höhe.

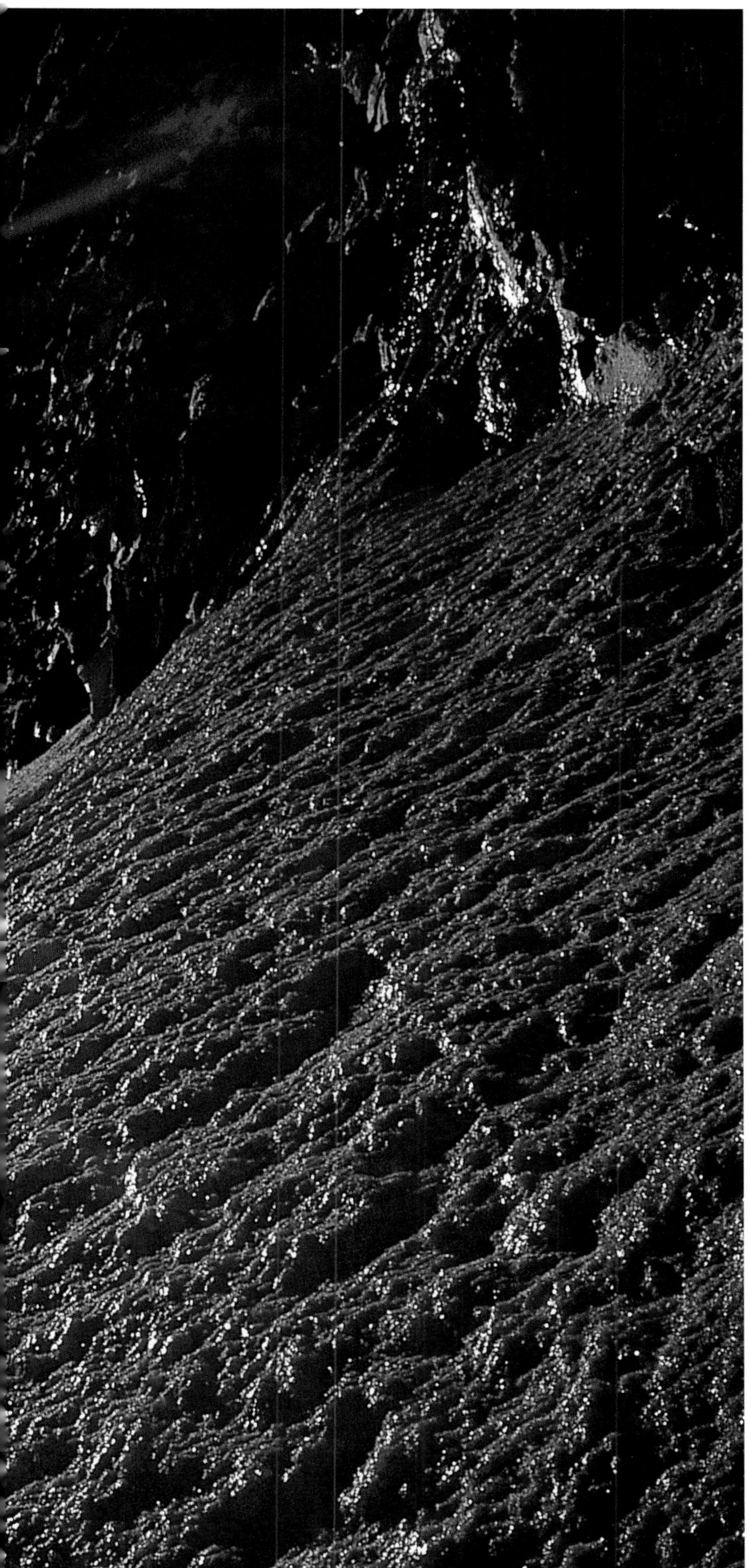

Nanga Parbat – der »Killer Mountain«

Nach meinem Vortrag »Dreimal Nanga Parbat und zurück« fragte mich ein Journalist: »Würden Sie es noch mal riskieren?« Ich winkte nur ab und meinte: »So etwas macht man nur einmal.« Hinter diesem Satz versteckt sich die Erinnerung an die Verzweiflung und Angst, als ich vom Nanga Parbat nicht mehr absteigen konnte. Und die Erfahrung, wie wackelig der Drahtseilakt in der Todeszone wird, wenn das Wetter umschlägt.

Tagelang war ich bei meiner zweiten Reise zum Nanga Parbat, nachdem der Gipfel geschafft war, ein Gefangener des Berges. Das schlechte Wetter hielt mich unerbittlich fest. Der mehrtägige Aufenthalt in einer Höhe, in der der menschliche Körper nur noch abbaut, brachte mich für etwa zwei Tage in den Grenzbereich zwischen Leben und Tod, wo manche vor Erschöpfung einschlafen, abstürzen, durchdrehen oder sich selbst aufgeben, und zeigte mir die Aussicht auf das, was als trauriges Schicksal meiner Vorgänger bekannt geworden war. Daß ich da mit heiler Haut herauskam, war zum größten Teil Glück!

Seit jenen dramatischen Tagen vermeide ich, soweit das möglich ist, todesintensive Situationen dieser Art. Natürlich reise und klettere ich weiterhin, aber mit Genuß – wie bei meiner dritten Reise zum Nanga Parbat. Sie führte mich rund um diesen Bergriesen: 24 000 Höhenmeter rauf und runter, vom Rupaltal über das Diamir-, Gunar- und Patrotal bis zur Märchenwiese im Rakiottal. Es war eine Traumreise, die ich zusammen mit Heidi und Hermann Reininger erlebte.

Meine erste Fahrt zum Nanga Parbat hatte ich 1988 unternommen. Mich interessierte damals nicht so sehr die für viele Bergsteiger so magische Zahl Acht mit den drei Nullen. Meine Motivation war das Abenteuer und vor allem die Vorfreude darauf. Die Steilheit des Nanga Parbat hatte für mich nichts Abweisendes. Damit hält sich der König der Berge das »Fußvolk« vom Leibe. Hier haben nur Kletterer mit Erfahrung und Geduld eine Chance. Der Nanga Parbat war vornehmlich im deutschen Sprachraum bekannt geworden, weil sich überwiegend deutsche Bergsteiger um seine Erstbesteigung bemüht hatten.

Der Diamirgletscher, aus 7200 Meter Höhe gesehen, zieht sich schuttbeladen wie ein Lindwurm in die Diamirschlucht.

Die Menschen um den Nanga Parbat sind der wilden Umgebung ausgezeichnet angepaßt. Der rauhen Gegend aus Wüste, Fels und Geröll haben sie durch Bewässerungsgräben, die vom Wasser der Gletscher gespeist werden, vereinzelt Terrassenfelder und Obstgärten abgetrotzt. Die Diamirträger haben nicht die Sanftheit der Nepalesen oder den Humor der Sherpas. Sie sind launisch und verschlagen. Auch untereinander sind sie sehr streitlustig und werden leicht handgreiflich.
Als wir im Juni 1988 nach 500 Kilometern Fahrt über den Karakorum Highway, immer am reißenden Indus entlang, die Bunar-Brücke bei Chilas erreichten, erwarteten uns die Träger schon und stellten Geldforderungen, die einen westdeutschen Industriearbeiter vor Neid hätten erblassen lassen! Ich persönlich wollte mich damit nicht lange aufhalten, aber meine Begleiter, allen voran Sigi Hupfauer, waren da ganz anderer Meinung. Sie feilschten um jede Rupie, bis die Träger nachgaben, und ich brauchte als Expeditionsleiter dann pro forma nur noch mein »Tike« dazu geben. »Tike« stammt aus dem Urdu und bedeutet soviel wie »geht klar« oder »in Ordnung«. »Tike« ist auch ein Ausdruck des Akzeptierens vieler Dinge, mögen es Sachen oder auch Personen sein.
Schon unten am Indus war mir die Bewaffnung der Träger aus dem Diamirtal aufgefallen: Schrotflinten, uralte Stutzen und sogar eine Kalaschnikow. Die drohenden Mienen der Träger verhießen nichts Gutes. Unsere Bedenken verstärkten sich noch durch das umlaufende Gerücht, die vier verschiedenen miteinander zerstrittenen Clans im Diamirtal lebten in Blutrache. 1979 hatten diese Räubergesellen einer österreichischen Expedition die gesamte Expeditionskasse entwendet, wobei alle Nachforschungen der Polizei von Chilas erfolglos blieben! Unsere Träger meinten immer wieder, von uns jeden beliebigen Preis verlangen zu können. Sie sahen sehr wohl, daß eine Handvoll Bergsteiger nicht zwei Tonnen Gepäck durch die glühend heiße Induswüste transportieren konnte. Da es mehr Trä-

In Pakistan nennt man ihn respektvoll »Killer Mountain«. Statistisch gesehen ist das ein zutreffender Name. Kein anderer Achttausender hat bis heute so viele Todesopfer gefordert, wenn man diese in das Verhältnis zu den geglückten Besteigungen setzt.
Er ist der westliche Eckpfeiler des Himalaya. Fast unwirklich ragt der blendend weiße Gipfel mehr als 7000 Meter über die unten am Indus gelegene sengend heiße Wüste. 1895 versuchten sich Mummery, Collie und Harding an dem Berg. Das war der erste Versuch an einem Achttausender überhaupt. Mummery und zwei seiner einheimischen Begleiter kamen dabei um; der Berg gab sie bis heute nicht frei! Seitdem haben sich vor allem deutsche Schicksale hier erfüllt, weshalb dieser gewaltige Klotz aus Eis und Fels den Beinamen »Schicksalsberg der Deutschen« erhielt. Nanga Parbat bedeutet in Sanskrit soviel wie nackter Berg. Die Einheimischen nennen ihn Diamir: König der Berge. Diese viel passendere Bezeichnung hat sich aber nicht durchgesetzt.

Der Autor bei einer Rast am Beginn der Bazhimmulde auf 7200 Meter. Links Ganalo Peak, hinten Karakorum. 12. 07. 1989.

Nanga Parbat Diamirflanke aus der Diamirschlucht. Mein Gipfelaufstieg erfolgte am 13. 07. 1989 in der Fallinie der Gipfelwand bei etwa 45° Durchschnittsneigung.

ger als Lasten gab, prügelten sie sich um die Arbeit, waren aber solidarisch, wenn es um den Preis ging.
In einer Höhe von fast 4000 Metern wurde der Weiden- und Birkenurwald lichter. Almwiesen voller Frühlingsblumen breiteten sich aus, und steil darüber, in gleißendem Neuschnee, erstrahlte der Nanga Parbat. Der Anblick übertraf alles, was ich vorher auf Bildern gesehen hatte. Wie sehr paßte hier das Sprichwort: Einmal sehen ist mehr als tausendmal davon reden!
An einem idyllischen Platz, neben einer Quelle mit glasklarem Wasser, schlugen wir unser Basislager auf. Viertausend Meter über uns der Gipfel des Nanga Parbat. Die riesige Arena der Diamirflanke lag vor uns im Halbrund eines natürlichen Amphitheaters. Ein Bild, das Wildheit und Schönheit ausstrahlte, ein versteckter wildromantischer Winkel unserer Erde. Das sollte der berüchtigte »Killer Mountain« sein?
Unsere kleine Bergsteigermannschaft bestand aus fünf süddeutschen Kletterern, nämlich Sigi Hupfauer, Thomas Mügge, Hellmut Seitzl, Hubert Weinzierle und mir. Teilweise kannten wir uns schon dreißig Jahre, wie beispielsweise Sigi und ich, und waren bereits in unserer Jugend zusammen geklettert. Alle fünf waren wir Individualisten, und danach richteten wir auch den Stil aus, in dem die Expedition geleitet wurde. Ich hielt nichts von einem Expeditionsleiter, der im Basislager sitzt, von dort aus klarer hierarchischer Position seine Mannschaft führt und stets darauf achtet, daß jeder ausreichende Erholung erhält. Ich wollte an der Spitze der Expedition mitklettern. Die jeweils Führenden sollten die Schlüsselentscheidungen treffen. Natürlich führte das zu Reibereien, förderte aber auch den gesunden Ehrgeiz untereinander.
Die ersten 2000 Meter ist der Westabsturz des Nanga Parbat überaus steil und schwierig, etwa vergleichbar mit der Eiger-Nordwand in den Schweizer Alpen. Nur war der Einstieg nicht 2000, sondern 5000 Meter über Meereshöhe. Sigi war im April und Mai am 8400 Meter hohen Makalu in Nepal geklettert, somit bereits höhenangepaßt und kaum zu bremsen. Am 2. Juli 1988 stiegen Sigi, Hellmut, Thomas und Hubert in die 1000 Meter hohe Löw-Eisrinne ein. Das war die Schlüsselstelle der Route, bis zu 60°

steil und blank. Sigi und Hellmut, die konditionsstärksten und auch ehrgeizigsten Teilnehmer, wollten sofort Lager 2 in 6200 Meter Höhe erreichen, während Thomas und Hubert die Strekke für den Abstieg mit Fixseilen versichern sollten.
Hellmut, der besonders ehrgeizig war, stieg den anderen etwa 100 Meter allein und ohne jegliche Sicherung im Steileis der Löw-Eisrinne voraus, nur auf die Spitzen seiner Steigeisen und der Skistöcke im blanken Eis gestützt. Weil sich wahrscheinlich der Sohlenbügel seines Scherensteigeisens löste, glitt er plötzlich aus. Durch das Fernglas sehe ich vom Basislager aus, wie er stürzt. Mir stockt der Atem. Hellmut versucht wie eine Katze, immer wieder auf alle viere zu kommen. Bei dem glasharten Eis hat er allerdings keine Chance. Nach einem 400-Meter-Sturz fällt er auf die Unterlippe einer Spalte, krallt sich fest, kämpft um sein Leben, bis ihn die Kraft verläßt und er in die Spalte stürzt. In diesem Moment hat Hellmut einen Schutzengel. Er kommt nach sechs Metern auf einer Schneebrücke zum Halten, direkt daneben geht es 20 Meter tiefer.
Es ist ein Wunder: Hellmut lebt noch! Das Gesicht ist ein Blutmatsch, seine Lunge voller Blut (Pneumothorax), Rippenbrüche. Die großflächigen Hautabschürfungen, vor allem an Armen und Beinen, sind sehr schmerzhaft. Die Schulter ist kaputt. Da er einen Helm trug, hat er keine Verletzungen am Schädel, und seine Wirbelsäule blieb unversehrt. Trotz großer Schmerzen und Kreislaufproblemen schleppt er sich mit Hilfe seiner Begleiter noch tapfer über 1000 Höhenmeter hinunter bis zum Basislager. Als ich ihn sehe, erschrecke ich. Sein Anblick schmerzt mich so sehr, daß ich völlig sprachlos bin.
Wir beraten lange, wie Hellmuts Bergung am besten zu organisieren sei. Unser Begleitoffizier ist nicht bereit, den für den Abtransport notwendigen Hubschrauber zu alarmieren, weil er den anstrengenden Marsch hinunter in die Induswüste scheut. Es ist jetzt nicht die Zeit, lange mit ihm darüber zu diskutieren; noch am selben Abend gehe ich los und laufe mit der Stirnlampe durch die Nacht, bis ich 15 Stunden später bei glühender Hitze völlig ausgetrocknet die Bunar-Brücke am Indus erreiche und von dort nach Gilgit fahre. Die pakistanischen Piloten von der Puma-Staffel in Gilgit sind aus ganz anderem Holz geschnitzt als unser Verbindungsoffizier. Sie verstehen, daß es darum geht, ein Menschenleben zu retten, und sind sogar bereit, sofort loszufliegen. Aber es vergehen noch weitere kostbare Stunden. Formalitäten, Bürokratie, Instanzen!
Bei Tagesanbruch starten wir indusabwärts, die Wüste aus der Vogelsicht, tief unter uns die berühmte Rakiot-Brücke. Ich zeige den Piloten die Richtung durch die Diamirschlucht bis zum Basislager. Direkt vor uns geht es die Diamirflanke hoch. Aus dem Hubschrauber wirkt sie völlig senkrecht, und die Piloten wollen es gar nicht glauben, daß wir dort hochklettern.
Für Hellmut haben wir eine Trage mitgebracht, damit er im Hubschrauber liegen kann. Ich fliege mit ihm nach Gilgit, und mit Hilfe der deutschen Botschaft erreicht er in ganz kurzer Zeit ein Spital in Basel. Hellmut ist geborgen.
Mit einem Gewaltmarsch bewältige ich die 3300 Höhenmeter vom Indus zum Basislager in einem Tag und schließe zu meinen Freunden, die schon hoch über 7000 Metern am Nanga Parbat klettern, in etwa 6600 Meter auf. Wegen Nachschubmangels kehren Sigi und Thomas in etwa 7200 Meter um. Den Gipfel zum Greifen nah, sehr gutes Wetter und beste Schneeverhältnisse ... es ist hart, so kurz vor dem Ziel umzukehren. Solch günstige Bedingungen fanden wir nie wieder vor.
Während einer mehrwöchigen Schlechtwetterperiode schneite es uns die beiden Hochlager völlig ein, und die Schneelast zerdrückte die Zelte vollständig. Unterdessen regnete es im Basislager so stark, daß sich autogroße Felsblöcke aus der Moräne über uns lösten und die Basislagerwiese hinabdonnerten. Besonders schlimm war es nachts, weil man die herunterkrachenden Felsbrocken nur hören, aber nicht sehen konnte. Einer kam bis auf wenige Meter an unsere Zelte heran und jagte uns einen gehörigen Schrecken ein.
Ende Juli wurde das Wetter besser, und wir stiegen mit etwas Abstand in drei Gruppen los: Sigi und Thomas voraus, dann Hubert und ich und etwas dahinter ein Filmteam des Bayerischen Fernsehens. Hubert* kehrte aus gesundheitlichen Gründen um. Die Fernsehleute kletterten wesentlich langsamer als wir. Also mußte ich zur Spitzengruppe, die per Funk Verpflegung und Gas angefordert hatte, aufschließen. Meinen Schlafsack packte ich unterwegs wieder aus, weil mir der Rucksack zu schwer wurde. Bei bestem Wetter erreichte ich Sigi und Thomas mit dem Nachschub. Sie hatten in 7200 Meter ein Zelt aufgebaut und wollten am nächsten Tag den entscheidenden Versuch starten.
Beim Abstieg wurde der Schnee weich, über Sulz und Bruchharsch arbeitete ich mich runter zum Zeltlager in 6600 Meter Höhe, das ich kurz vor Sonnenuntergang wieder erreichte. Ich hatte 1800 Höhenmeter in den Knochen, und die Müdigkeit war nicht zu übersehen. Meine Chancen, am nächsten Tag bis zum Gipfel zu steigen, sanken gegen Null. Am 29. Juli 1988 war es viel zu warm, und der bedeckte Himmel schien einen Wetterumschwung anzukündigen. Trotzdem stiegen Sigi und Thomas zum Gipfel. In 20 Jahren (!) hatte Sigi dreimal versucht, den Nanga Parbat zu besteigen. Nun war er am Ziel.
Der beachtliche Erfolg, bei diesen widrigen Umständen den Nanga-Gipfel erreicht zu haben, ließ mich nicht ruhen. Mit meinem Auftrieb versuchte ich, die Fernsehleute zu einem Gipfelversuch zu motivieren. Aber die idealen Partner waren das nicht. Alles lief so schwerfällig ab, und im obersten Lager hauten sie sich völlig erschöpft in Sigis Zelt und ließen mich ein weiteres alleine aufbauen. Noch am selben Abend gerieten wir in einen Wettersturz mit Neuschneefällen. Es gab nur eine richtige Entscheidung: absteigen.
Vor der Löw-Eisrinne wartete ich. Es war viel zu warm. Ausgeschmolzene Steine krachten ohne Pause durch die Rinne.

* 1991 an Erschöpfung am Dhaulagiri (8192 Meter) gestorben.

Oben: Postläufer Abdullah aus Diamirai.
Mitte: Bis an die Zähne bewaffnet, auch untereinander schnell handgreiflich und streitlustig, aber einig, wenn es um den Preis ging: Diamirträger.
Unten: Verdiente Rast auf der Diamir-Basislagerwiese.

Oben: Bewaffneter Diamirträger.
Mitte: Alp Nagaton: Mensch und Tier in derselben Behausung.
Unten: Aufwärmen am Diamir-Basislager.

Ich wartete weiter. Als es nachts nicht besser wurde, bekam ich Angst. Am nächsten Morgen seilte ich mich in einen grauschwarzen Abgrund hinab. Das Eis war von Steinlawinen zerfurcht und das Seil mehrmals abgeschlagen. Ohne Sicherung, nur auf den Frontzacken der Steigeisen, »tanzte« ich über das Blankeis, um die Enden wieder zusammenzuknoten. Schnelligkeit war Trumpf! Einmal hielt ein Abseilhaken nicht, er hatte sich durch Spaltfrost gelöst, und ich flog schon etwa einen Meter über das Blankeis: Gott sei Dank war er über ein Fixseil abgesichert. Nur mit Glück bin ich dieser Hölle unversehrt entkommen.
Die Expedition, die ich geleitet hatte, war erfolgreich, nachdem zwei Teilnehmer den Gipfel erreicht hatten. War sie es auch für mich? Mit dieser Frage wurde ich spätestens zu Hause in Deutschland konfrontiert, während ich in Pakistan nur froh war, mit heiler Haut davongekommen zu sein. Die neue Einstellung zum Expeditionsbergsteigen, mit der ich in der Heimat konfrontiert wurde, formulierte der Extremkletterer Reinhard Karl* treffsicher: »Eine Expedition ist nur dann für mich erfolgreich, wenn ich oben war!« Hatte ich zu wenig riskiert? Oder hatte ich etwa zu viel Angst?
Seit den siebziger Jahren wurde der Alpenstil auch am Nanga Parbat angewandt. Besseres und leichteres Material machte dies möglich. Geeignete Hochträger, die die Rolle der Sherpas übernehmen konnten, gab es hier nicht. Die Expeditionen nahmen an Härte zu, und neue psychische Grenzbereiche wurden erschlossen. Absolute Spitze war dabei Reinhold Messners Alleingang im August 1978. In vielen Varianten kopiert, hat bis heute niemand diese Leistung wiederholt.
Eine Schlüsselrolle kommt dabei der Angst zu. So wie Angst Leistung blockieren kann, so ist sie nicht selten der Grund für panikartige Handlungsweisen. Der gefühlsmäßig richtige Umgang mit ihr kann aber auch zu einer Quelle ungeahnter Kräfte werden. Schließlich kann Angst überleben helfen: zum Beispiel durch Verzicht und Umkehr im richtigen Moment.

* Am 19. Mai 1982 von einer Eislawine am Cho Oyu (8201 Meter) erschlagen.

Rückzug über die Kinshoferwand bei Schneesturm.

Auf dem Gipfel des Nanga Parbat bei Schneesturm: Angst vor dem Erfrieren der Hände, Angst vor dem Abstieg.

Nach meiner Umkehr am Nanga Parbat im Juli 1988 bewegte mich innerlich oft die Frage: Hast du zu wenig riskiert? War das der Feigling in dir? Ich habe mir die Frage nie bewußt gestellt, sie schwang während vieler Wochen im Unterbewußtein mit und belastete mich daher seelisch.
Der eine Bergsteigertyp schont sich und geht behutsam vor, während der andere, zu dem ich selbst zähle, an die Spitze drängt und dabei Gefahr läuft, sich auszupowern. 1988 mußte ich erst lernen, daß ein längerer Aufenthalt in über 7000 Meter Höhe zu einer langfristigen Schwächung führt, daß »Wasserträger« in einer Zeit, wo nur die individuelle Leistung zählt, nicht mehr gefragt sind und es ganz wesentlich darauf ankommt, im richtigen Moment an der richtigen Stelle zu sein, daß schließlich Zaudern oder eine falsche Entscheidung nicht nur den Gipfel, sondern ganz schnell das Leben kosten kann.
Ich habe in der inneren Auseinandersetzung mit all diesen Problemen zu Hause alle möglichen Fälle durchgedacht und gedanklich vorweggenommen. Darunter auch die Situation, allein an einem so riesigen und gefährlichen Berg wie dem Nanga Parbat zu sein. Auf diese Weise legte ich unbewußt den Grundstein für meinen Erfolg im darauffolgenden Jahr.
Es ist schon paradox: War ich der Steinschlaghölle am Nanga Parbat mit Not gerade noch entkommen, so brauchte es überhaupt keine Überredungskünste, als ich an Pfingsten 1989 eine Einladung bekam, mit drei jungen Walliser Bergführern zur Diamirflanke zu fahren! Die drei Schweizer Diego Wellig*, Peter Schwitter und Philip Zehnder waren etwa 20 Jahre jünger als ich. Wir verstanden uns auf Anhieb blendend, und ich hatte gleich den Spitznamen Opa weg.

* Mit Hans Kammerlander gelingt ihm im Juli 1990 eine Skiabfahrt vom Nanga-Parbat-Nordgipfel (8070 Meter), wobei in der Barrard-Variante der Kinshofer-Route einmal abgeseilt wurde. 1993 überlebt Diego Wellig schwerverletzt in einer Schneebrettlawine in der Schweiz.

Unsere Expedition schien unter einem ungünstigen Stern zu stehen. In der ersten Nacht am Basislager bekam Peter ein Lungenödem, eine große Lawine hatte unser erstes Lager zugeschüttet, und während drei Wochen regnete und schneite es so sehr, daß die Basislagerwiese Anfang Juli wie im Winter aussah. Von Diego und Philip hörte ich immer seltener das Wort Opa, denn sie hatten inzwischen wohl gemerkt, daß ich mich hier genau auskannte und topfit war. Am 6. Juli 1989 fuhren sie, vom täglichen Schneefall genervt, heim. Ich war allein.
Pakistani, die auch auf den Nanga wollten, fragten mich, was ich jetzt vorhätte. Als ich ihnen mitteilte, ich ginge allein, waren sie sprachlos, behandelten mich aber weiterhin mit ausgesuchter Höflichkeit. Allerdings wurde ich das Gefühl nicht los, daß sie mich für verrückt hielten.
Am 7. Juli klarte das Wetter abends auf, am 9. stieg ich los. Der ganze Berg war sehr gut verschneit, und nach Abgang der großen Lawinen hatte ich mir als Aufstiegsroute den Kinshofer-Weg und als Abfahrt die Messner-Route ausgedacht. Von unserer letztjährigen Expedition lagen noch ein Paar »Firn Extrem«-Ski, die wir dem Tiroler Oswald Gassler geliehen hatten, neben der Bazhinmulde. Oswald hatte mir den Platz, wo er die Ski im August 1988 deponiert hatte, genau beschrieben. Die Kinshofer-Route ist zwar sehr steil, aber verhältnismäßig sicher – vor allem bei guter Schneeauflage, was im Juli 1989 der Fall war. Die Messner-Route hingegen war mir im Aufstieg, obwohl weniger schwierig, viel zu gefährlich. Sehr lange steigt man unter riesigen absturzbereiten Seracs auf! Einer dieser stürzenden Hängegletscher hat denn auch 1970 Reinhold Messners Bruder Günter erschlagen. Die gefährlichen Passagen könnte man bei der Abfahrt mit Ski relativ schnell hinter sich bringen und so das Risiko reduzieren. Im Juli 1989 waren die Schneeverhältnisse für eine Skiabfahrt vom Nanga Parbat ausgesprochen günstig. Beim Aufstieg durch die Löw-Eisrinne waren mir die Pakistani auf den Fersen, auch weiter oben bis zur Bazhinmulde, wo ich in 7200 Meter mein Biwakzelt aufstellte, genau dort, wo ich ein Jahr zuvor umgekehrt war. Die Pakistani ließen mich vorausklettern und die Spurarbeit machen und hielten sich immer in respektvollem Abstand.
Während ich stieg, konnten meine Gedanken wunderbar frei herumschweifen, und ich befand mich in einer euphorischen Stimmung, spürte die Last des Rucksacks nicht mehr. Die Spurarbeit war nicht Fron, sondern ließ mich die Kraft in mir spüren. Nachts konnte ich gut schlafen. Nur daß ich die Plattform für das Zelt hacken mußte, brachte mich in die harte Realität zurück. Das war furchtbar anstrengend. Ich fand die Ski neben der Bazhinmulde, aber welche Enttäuschung: die Bindungsplatte fehlte! Davon hatte mir Oswald Gassler* nichts erzählt. So mußte ich mir die Skiabfahrt aus dem Kopf schlagen.
Am nächsten Tag bin ich mit den Pakistani Sher Khan und Atta in der Gipfelwand unterwegs – genau in der Fallinie der Mum-

* 1989 in den Lienzer Dolomiten/Österreich tödlich abgestürzt.

Oben: Wochenlanges Schlechtwetter im Basislager.
Mitte: Beginnender Schneesturm, etwa 150 Meter unter dem Nanga Parbat-Gipfel.
Unten: Die Pakistani Atta und Sher Khan beim Abseilen zur tiefverschneiten Kinshoferwand (16.07.1989). Darunter die 1000-Meter-Löweisrinne.

mery-Rippe. Manchmal wird die Schneeauflage dünner, und Blankeis tritt hervor. Ab 7700 Meter wird der Schnee wieder tiefer. In der Nähe der letzten Steilrinne, die direkt zum Gipfel hinaufführt, bleibe ich bis zur Brust im Tiefschnee stecken. Zwei Stunden bin ich damit beschäftigt, die Stelle zu umgehen, so daß ich ganz übersehe, wie das Wetter sich verschlechtert und es langsam zu schneien anfängt. Weiter oben, in der letzten, etwa 200 Meter hohen Rinne, faucht der Wind. Der Schnee jagt mit hoher Geschwindigkeit von unten nach oben. Wie ein Güterzug dröhnt der Sturm an den Gipfelfelsen.

Der Schneesturm fällt mir in den Rücken und schiebt mich wie mit unsichtbarer Hand auf den Gipfelgrat. Eine Schneekuppe noch, und ich stehe auf dem Gipfel des Nanga Parbat. Höher geht es nicht mehr. Aber die Sicht ist leider gleich Null. Man muß sich mit dem Körper gegen den Sturm stemmen, um nicht über den Gipfel geblasen zu werden. Der Schnee kommt schauerartig und verdunkelt zeitweise den Himmel. Es ist etwas nach 17.00 Uhr, und ich will noch ein Erinnerungsfoto machen: ein Selbstporträt. Dabei versagt mir die rechte Hand den Dienst. Ich habe Schwierigkeiten, meine Leica einzustellen, und ziehe deshalb die dicken Fäustlinge aus. Meine Finger sind steif und weiß. Eine furchtbare Angst überkommt mich. Wenn mir die rechte Hand erfriert, wie kann ich dann die Steilwand wieder hinabklettern?

Ich steige, so schnell ich kann, das Gipfelcouloir (Couloir = Rinne) hinunter. Nach 200 Metern bin ich völlig außer Atem und ringe nach Luft wie ein Erstickender. Die Aufstiegsspur ist inzwischen tief zugeschneit, und weiter unten, am Beginn des großen Gipfelschneefeldes, habe ich Orientierungsprobleme und halte an. Die Finger meiner rechten Hand schmerzen, und ich spüre ein Kribbeln.

Sher Khan hat in meiner Spur zu mir aufgeschlossen. Wir warten gemeinsam auf bessere Sicht, um die Querung zur Bazhinmulde, in der mein Biwakzelt steht, zu finden. Von Atta sehen wir nichts. Von zwei weiteren Pakistani weiß ich nicht, ob sie umgekehrt sind. Im Schneesturm sieht man nur wenige Meter weit. Inzwischen ist finstere Nacht, und der Weg durch die Bazhinmulde ist der reinste Blindflug. Wie oft habe ich versucht, Schritt für Schritt gleichmäßig an dem knietief verschneiten Hang die Spur voranzuziehen! Und dann die Gletscherspalten! Hier sitzen bleiben kann ich auch nicht. Wie viele Bergsteiger haben sich in solch einer Situation schon in den Schnee gesetzt und sind dann nie mehr aufgestanden!

Es ist wie eine Odyssee in der Todeszone. Immer wieder warte ich auf ein wenig bessere Sicht, um es erneut zu versuchen. Eine bleierne Müdigkeit befällt mich, die Beine wollen den Dienst versagen. Nur der Wille treibt mich voran, der Körper ist völlig leer, wie durchsichtig. Ich versuche, jede Bewegung zu ökonomisieren. Etwa um 21.00 Uhr hört es auf zu schneien, ein scharfer Wind vertreibt Wolken und Nebel. Im Mondschatten erkenne ich die Hangkontur und die Richtung zum Biwak. Aber wie soll ich dorthin kommen? Unter dem Pulverschnee

Nanga-Parbat-Diamirflanke nach dem Wettersturz von Mitte Juli 1989.

ist Bruchharsch und an dem schrägen Hang ein normales Gehen nicht möglich. Wie sehr ich mir das Biwakzelt herbeiwünsche! Noch 50 Meter! Jetzt nur nicht hinfallen, denn ich würde nie mehr aufstehen. Am Zelt, das tief eingeschneit ist, kann ich noch den Kipphebel meiner Steigeisen lösen, dann krieche ich mit der kompletten Montur in meinen Schlafsack. Ich bin zu erschöpft, um den gefrorenen Tee in meiner Flasche über dem Kocher aufzutauen. Etwas trinken wäre jetzt ganz wichtig, aber ich bin zu müde.

Tiefe Bewußtlosigkeit überkommt mich, bis ich im Morgengrauen vom Sturm, der am Zelt rüttelt, aufgeweckt werde. Ich taue den gefrorenen Tee auf, und völlig ausgetrocknet wie ich bin, ziehe ich mir den Liter in einem Zug rein. Die Lebensgeister kehren wieder zurück. Jetzt erst bemerke ich, daß wir nur zu zweit im Zelt liegen. Atta ist nicht zurückgekommen.

Lange Zeit liegen wir da und machen uns Sorgen um Atta, als wir Geräusche am Zelteingang hören und der Flieger-Leutnant mit der Bemerkung »all o. k.« ins Zelt kriecht. Atta hatte unsere Spur nachts verfolgt, war aber zu erschöpft, um das Zelt noch zu erreichen, und ist, die ganze Nacht auf seinem Rucksack sitzend, draußen eingeschlafen. Eine Hand ist dick geschwollen, und seine Zehen sind weiß, hart und mit Eiskristallen überzogen. So kann Atta nicht weiter absteigen. Außerdem heißt es abwarten wegen der Lawinengefahr! War es fast schon ein Wunder, daß Atta die Sturmnacht in der Todeszone überlebt hat, so gilt es jetzt, von seinen Zehen zu retten, was noch zu retten ist. Während ich versuche, diese in meinem Schlafsack aufzuwärmen, schlafen die Pakistani den Schlaf der Gerechten, und ich beneide die beiden Naturburschen insgeheim, daß sie so entspannt wie Babys daliegen.

Mich beschleicht die Angst, daß wir bei diesem Sturm und der wachsenden Lawinengefahr die Steilwand nicht wieder hinabklettern könnten. So fällt die dritte Nacht in der Todeszone auf uns herab und zehrt an den letzten Reserven. Als wir uns am nächsten Morgen bei Schneetreiben für den Abstieg herrichten, haben wir alle drei Gleichgewichtsprobleme, die sich erst nach einer halben Stunde des Absteigens wieder legen. Oberhalb der Löw-Eisrinne, auf einem ausgesetzten schmalen Grat, hält uns ein Schneesturm auf, eine weitere Biwaknacht in einem zerrissenen Zelt erwartet uns. Es bleibt uns auch nichts erspart. Der weitere Abstieg durch die Kinshofer-Wand und die steile Löw-Eisrinne ist tief verschneit. Nur ganz langsam gewinnen wir an Tiefe. Mit zeitlupenartigen Bewegungen, leer, abgestumpft und völlig erschöpft erreichen wir das Basislager. Es herrscht Schneetreiben.
Zwei Tage später, nach einer Wetterbesserung, ist großer Bahnhof angesagt. Mit einem Helikopter fliegen zwei Generäle und die Presse ein und feiern die erste pakistanische Besteigung des »Killer Mountain«. General Arif spricht fließend Deutsch. Er erzählt mir von seiner Zeit in Reutlingen und lädt mich freundlich ein, mit ihrem Hubschrauber ins Tal zu fliegen.
Ich kann aber nicht einfach wegfliegen. Zu sehr hat mich der Berg gefordert, mich bis an die Grenze meiner Existenz geführt. Die tagelange Konfrontation auf dem schmalen Grat zwischen Leben und Tod hat mich verändert. Es ist, als sei der Berg ein Teil von mir geworden oder etwas von meiner Identität dort geblieben. Ich kann mich nicht so schnell vom König der Berge, der auch für mich fast zum »Killer Mountain« geworden wäre, lösen und wandere in mehreren Tagen langsam zur Induswüste hinunter. Nach meiner Besteigung des Nanga Parbats habe ich nie wieder das Spiel mit dem Risiko gesucht. Ich hatte überhaupt kein Bedürfnis mehr danach.

Die »Märchenwiese« vor der Rakhiotflanke des Nanga Parbat. Von hier aus zogen die Expeditionen von Merkl, Wien und Bauer in den dreißiger Jahren zum Nanga Parbat.
Rechte Seite: Im Kinshofereisfeld der Diamirflanke (21. 07. 1988). Der Bergführer Thomas Mügge aus Illertissen reißt die eingefrorenen Fixseile aus dem harten Firn. Thomas ist einer der ausgeglichensten Expeditionsbergsteiger, die ich kennengelernt habe. Mit Sigi Hupfauer gelang ihm am 29. 07. 1988 bei schwierigen Verhältnissen eine Gipfelbesteigung des Nanga Parbat.

Induswüste bei Bunar (Chilas).

Durchs wilde Pakistan

Skiabfahrt vom Mustagh Ata (7546 Meter)

Pakistan entstand 1947 durch die Aufteilung des Vizekönigreichs Indien und bedeutet soviel wie »Land der Reinen«. Heute hat dieser Moslemstaat, der durch die traditionelle Gegnerschaft zu Indien, den amerikanischen Kapitalismus und die chinesische Wirtschaftshilfe geprägt wurde, etwa 100 Millionen Einwohner. Sichtbarstes Zeichen dieser Zusammenarbeit mit den Chinesen ist die kühnste Hochgebirgsstraße der Welt, der Karakorum Highway. Er führt von Rawalpindi über Abottabad am Indus entlang bis Gilgit. Dort, wo der Indus dann Richtung Skardu weiterfließt, zweigt die Straße ab und verfolgt den Hunza-Fluß bis zum Grenzort Sust in 2800 Meter Höhe. Die Grenze nach China ist noch mehr als vier Fahrstunden und 2000 Höhenmeter entfernt. Über den Khunjerab-Paß, der auf Mont-Blanc-Höhe liegt, geht es dann in die chinesische Provinz Sinkiang.

Ob Belutschistan, Karachi am Arabischen Meer oder der Punjab mit Lahore: Dieser Karakorum Highway führt in eine der interessantesten Landschaften Pakistans, in das wildeste Hochgebirge, das ich auf der Erde kennengelernt habe – Karakorum. Die Pakistani bezeichnen diesen Teil ihres Landes ganz einfach mit Northern Areas. Hinter dieser nüchternen Bezeichnung kann man die wechselvolle Geschichte des Landstrichs nicht erahnen. Um 1840 gehörte der Karakorum noch zu Tibet. 1845 eroberte Gulap Singh Baltistan und verleibte es Kashmir ein. Nur das Gebiet von Kohistan, westlich von Chilas und Gilgit, blieb immer unabhängigen Bergstämmen (Chilasi und Hunza) vorbehalten. Bei der Aufteilung des indischen Subkontinents im Juli 1947 fielen pakistanische Freischärler in den nordwestlichen Teil Kashmirs ein und besetzten es auf der Linie Nanga Parbat – Askole. Ein Nachkomme von Gulab Singh, der Maharadscha von Kashmir, wandte sich hilfesuchend an das hinduistische Indien, obwohl seine Untertanen zu über 90 Prozent Mohammedaner waren. Die Inder schickten ihre Armee und stellten lediglich eine Bedingung: Kashmir mußte Bundesstaat der Indischen Union werden. So erfuhr Kashmir ein trauriges politisches Schicksal. Es wurde geteilt. Im indisch besetzten

Oben: Kontraste in Pakistan: Monsun.
Unten: Skitransport zum Mustagh Ata.

Teil gibt es seit Jahren bürgerkriegsähnliche Kämpfe. In Srinagar regiert die Gewalt. Ich hatte während mehreren Reisen, die insgesamt ein Jahr dauerten, die Gelegenheit, beide Teile Kashmirs genau kennenzulernen.

1993 war ich mit Heidi, meiner jetzigen Frau, am oberen Abruzzigletscher, um den nordöstlichsten Achttausender Pakistans, den 8068 Meter hohen Hidden Peak, zu besteigen. Von dort sahen wir auf den 5935 Meter hohen Conway-Sattel herunter, den die pakistanische Armee gegen Inder auf dem Siachen-Gletscher verteidigt. Selbst im Winter liegen die Soldaten bei –50 °C in 5300 Meter Höhe auf dem Abruzzi-Gletscher in Tarnunterkünften aus weißem Plastik, Berge von Müll und Munitionsabfall um sie herum. Bisher kamen mehr Soldaten durch Höhenkrankheit und Erfrierungen als durch Kampfhandlungen um. Bei den Indern auf der anderen Seite soll es ähnlich sein. Die unsinnige Teilung Kashmirs wird hier in der Abgeschiedenheit des Karakorum zur traurigen Farce.

Bevor die pakistanische Armee mit chinesischer Hilfe den Karakorum Highway baute, konnte man Gilgit und Skardu nur mit dem Flugzeug erreichen. Lediglich zwischen Juli und September war eine schmale Jeep-Straße über das Kagantal passierbar. Sie führt über den 4200 Meter hohen Babusar-Paß nach Chilas. Früher nannte man diesen schmalen Pfad, der am 7546 Meter hohen Mustagh Ata vorbei nach Kashgar und noch tiefer nach China führte, »Seidenstraße«.

Über Hunderte von Kilometern haben pakistanische Pioniere und chinesische Ingenieure den Karakorum Highway in die Felswände neben dem Indus gesprengt. Manchmal führt der »KKH« 500 Meter über dem Fluß an schwindelerregenden Felswänden entlang, manchmal passiert man labile Moränenbänke, und es kommt öfters vor, daß die ganze Straße bei einem Erdrutsch weggerissen wird und bis zu einer Woche nicht befahrbar ist. Die Fahrt von Rawalpindi über Abottabad bis an den Indus geht über Hügel und Pässe. Sattes grün bestimmt das Landschaftsbild, denn der Südwestmonsum erreicht diese Höhe. Von Besham über Dassu bis Chilas ändert sich dann das Bild. Nur wo Bäche und Nebenflüsse in den Indus münden, gibt es durch künstliche Bewässerung Oasen, deren Bewässerungsgräben von den typischen Pappel-Spalieren begrenzt werden. Dieses Landschaftsbild setzt sich im Hunza-Land und über den Khunjerab-Paß bis nach Kashgar in China fort. Der Indus aber wälzt sich mit seinen schmutzig-braunen, eiskalten Wassermassen mal träge und breit, mal mit Schwällen, Strudeln und weiß-brauner Gischt durch die Schluchten und Wüstenlandschaften. Bei Chilas sind die Steine in der Wüste so heiß, daß selbst abgehärtete Chilasi nicht barfuß darauf gehen können.

Die Gegend um Chilas trägt heute noch Spuren ungeheurer Naturkräfte. Anfang Januar 1841 war bei einem Erdbeben die Westseite des Nanga Parbat-Massivs gegenüber von Gor herabgestürzt und hatte das Industal bei der Felsenge, wo man später die Rakhiot-Brücke baute, etwa 300 Meter hoch aufgefüllt, so daß kein Wasser mehr abfließen konnte. Im April 1841 war bereits ein 300 Meter tiefer und etwa 60 Kilometer langer

Abladen der Kamelkarawane am Mustagh-Ata-Basislager.

Der Mustagh Ata, 7546 Meter hoch, dominiert das Landschaftsbild an der Seidenstraße nördlich von Pakistan. Die gleichmäßig geneigten Schneehänge versprachen eine exotische Skiabfahrt.

Stausee entstanden. Warnungen, damals noch auf Birkenrinde geschrieben, wurden nach Srinagar der Regierung von Kashmir zugeleitet, dort aber nicht beachtet. Als der Damm brach, riß eine Flutwelle von 24 Metern Höhe alles davon, was sich im Industal auf einer Länge von 400 Kilometern befand. Der Fluß raste mit einer Mauer aus Schlamm daher und begrub eine ganze Armee des Gulab Singh, die sich 300 Kilometer vom Dammbruch entfernt befand. Ein Schwall von braunem Wasser, Bäumen, Zelten, Soldatenleichen, Bauern, Kamelen, Maultieren und Eseln ergoß sich durch die Indusschlucht. Was zwischen Chilas und Attock, wo sich heute mehrere hundert Meter höher in den Felswänden der Karakorum Highway entlangschlängelt, damals wirklich geschehen ist, haben nur wenige erfahren.

Oberhalb von Gilgit fahren wir unter dem Rakaposhi (7788 Meter) am Hunza-Fluß entlang, der von Hunderten von Oasen gesäumt wird. In mühsamer Handarbeit entstanden hier durch den Fleiß der Hunza blühende Obstgärten. An der guten Gesundheit und dem mosaischen Alter, das viele Hunza erreichen, sollen die schmackhaften Aprikosen, die hier überall in den Gärten reifen, schuld sein. Spätestens nach dem Khunjerab-Paß ändert sich die Landschaft, und weites Steppenland umrahmt die Seidenstraße. So gehört, vom Landschaftsbild und von den Bewohnern her, das Land um den Mustagh Ata mehr zu Kirgisien als zu China. Als Sven Hedin 1894 über die Seidenstraße kam, war er vom Mustagh Ata so fasziniert, daß er sogleich einen Versuch unternahm, diesen »Vater des Eisgebirges«, wie ihn die Kirgisen nennen, zu besteigen. Auf einem Yak reitend, soll er versucht haben, diesen gewaltigen Eisriesen, der von weit her sichtbar ist, zu bezwingen. Höher als 5700 Meter ist er aber nicht gekommen. Nach einem Versuch der Engländer Shipton und Tillman im Jahre 1947, der bei 7000 Meter endete, gelang dann einer russisch-chinesischen Gruppe am 31. Juli 1956 die erste Besteigung. Gleich 31 Personen standen an diesem Tag auf dem Gipfel des Mustagh Ata.

Als ich zum ersten Mal Bilder von diesem Berg sah, dachte ich mir gleich, daß die riesigen, gleichmäßig geneigten Schneehänge vom Gipfel bis auf etwa 5000 Meter Höhe ideal zum Skifahren wären. Außer der doch ganz beträchtlichen Höhe von über

Kirgisen-Jurte bei Subash (3800 Meter) am Fuß des Mustagh Ata nördlich des Khunjerab-Passes (4860 Meter).

7500 Metern waren keinerlei Schwierigkeiten zu erkennen. Nur bei schlechter Sicht könnte es wegen des gleichmäßigen Geländes, in dem klare Konturen und somit Orientierungspunkte fehlen, eventuell problematisch werden. Die über 1000 Kilometer lange Anreise durchs wilde Pakistan empfanden Hellmut Seitzl, Helmut Katzenmeier, Heidi und ich nicht als Strapaze, sondern als ideale Fernwehbefriedigung.

Wir vier bildeten in einer größeren Gruppe ein Quartett, das vom Mustagh-Ata-Gipfel mit Ski abfahren wollte. Der Anmarsch zum Basislager (4500 Meter) dauerte diesmal nur einen Tag! Von der Fahrstraße bei Subash (3820 Meter), einer kleinen Kirgisensiedlung, schleppten Kamele unsere Seesäcke mit Ausrüstung, Küchengerät und Verpflegung über die wüstenartigen Niederungen. Obendrauf hatten wir unsere Ski gebunden. Ich vermutete, daß diese »Wüstenschiffe« uns sowieso überholen würden, und setzte mich deshalb an der Spitze der kleinen Karawane Richtung Basislager in Bewegung. Dieses konnte man von unten zwischen den Hügeln und Moränen unter einer Gletscherzunge nur erahnen, aber nicht sehen. Überhaupt schienen die Entfernungen in der trockenen und klaren Luft immer viel geringer zu sein, als sie in Wirklichkeit waren. Wir machten uns zunächst keinerlei Gedanken, als weder die Kamele mit unserem Material noch unsere vierköpfige chinesische Begleitmannschaft, darunter ein Koch und ein Begleitoffizier, uns folgten. Auf halber Strecke trafen wir eine österreichische Gruppe, die gerade vom Mustagh Ata abgestiegen war. Zu meiner Überraschung war ein alter Bekannter dabei, mit dem ich schon vor vielen Jahren Skitouren unternommen hatte: Michel Dacher.

Da saßen wir nun zwischen den runden Moränensteinen, und Michel erzählte mir von seinem Aufstieg zum Gipfel und der Skiabfahrt. Wer Michels bescheidene Art kennt, weiß, daß man wegen des Understatement, mit dem er auftritt, immer aufpassen muß. Allzuschnell droht nämlich die Gefahr der Verharmlosung! Aber als ich Michel von dem völlig gleichmäßig geneigten, nicht enden wollenden Aufstieg zum Gipfel erzählen hörte, und er mir eher beiläufig den Tip gab: »Einfach die Sicherung rausdrehen, Ekke, und immer zulaufen«, wußte ich genau Bescheid. Da kam ein Aufstieg nach dem Motto »So weit die Füße tragen« auf uns zu.

Am Basislager waren neben einem munter sprudelnden Bächlein, das vom Schmelzwasser einer darüberliegenden Gletscherzunge gespeist wurde, mehrere Zelte von Italienern aufgebaut worden. Daneben standen größere olivfarbene Militärzelte, vor denen sich ein paar Chinesen aufhielten. Der einzige anwesende Italiener begrüßte uns freudig und wollte uns zum Tee einladen, nur die Chinesen brachten keinen Ton heraus. Unsere Gruppe war noch nicht vollständig angekommen, da schnauzte uns schon ein Dolmetscher an, wir sollten sofort wieder absteigen, uns erst einmal um eine Genehmigung für die Besteigung des Mustagh Ata kümmern, und dann könnten wir ja wiederkommen. Als wir nicht recht verstanden hatten, denn die ganze Bürokratie war Angelegenheit unseres Begleitoffiziers, wollte der Dolmetscher sogar handgreiflich werden! Alle zwanzig, die wir waren, stellten wir uns um den freundlichen Herrn herum auf, und unser Schweizer Bergfreund Jürg brachte dem widerspenstigen Chinesen in bestem Schwyzerdütsch-Englisch bei: »Ich bin ein unbescholtener Bürger eines freien Landes, noch dazu ein hoch dekorierter Offizier, und verbitte mir, daß mir hier ein chinesischer Dolmetscher an die Jacke faßt!«

Der eigentliche Drahtzieher des Vorfalls, ein Funktionär der Sinkiang Mountaineering Association, der, wie wir später erfuhren, für eine Konkurrenzagentur arbeitete, stand ein paar Schritte abseits, wurde bleich im Gesicht und kochte innerlich. Bis zur Aufklärung der Angelegenheit sollten wir jedenfalls hierbleiben. Ohne Ausrüstung und Verpflegung stand uns eine unangenehme Nacht in 4500 Meter Höhe bei etlichen Minusgraden bevor, denn von unserer chinesischen Begleitmannschaft samt ihrer Kamelkarawane erschien niemand. Der freundliche Italiener bot uns wenigstens in den leeren Zelten seiner am Berg weilenden Freunde etwas Schutz vor der kalten Nacht.

Morgens um 3.00 Uhr kamen die Kamele und der Koch mit Zelten, Schlafsäcken und einer Erklärung. Der Begleitoffizier sei unterwegs nach Urumqui (1500 km nordöstlich, Provinzhauptstadt von Sinkiang) und würde das Besteigungspapier holen, das er halt vergessen hatte. Seit neuestem (1992) verfahren die Behörden Sinkiangs nach der im übrigen China schon längst üblichen Raubrittermethode, Gebühren für die Besteigung von Bergen zu verlangen. So lange hätten wir zu warten! Bergsteigerausrüstung, Ski und Apotheke blieben zur Sicherheit unten in Subash. Basta!

Es vergingen mehrere Tage. Um die kostbare Zeit zu nutzen, machten wir Akklimatisationstouren weit über die 5000-Meter-

Grenze hinaus trotz unserer kaum für solche Unternehmungen tauglichen Trekkingschuhe. Dem Funktionär war dies ein Dorn im Auge. Er sah sich um die Wirkung seiner Maßnahme betrogen und internierte uns kurzerhand im Basislager. So »freundlich« war ich bis dahin noch in keinem Land der Erde empfangen worden!

Als dann mit viertägiger Verspätung das Stück Papier, von dem so viel abhing, doch noch eintraf, setzte der Funktionär sein stereotypes chinesisches Grinsen auf und tat so, als ob nichts gewesen wäre. Die Kirgisen, die unser Material mit den Kamelen hochgeführt hatten, zeigten dagegen, daß sie das Herz am richtigen Fleck haben. Für wenige Dollar ließen sie unser komplettes Hochlagergepäck mit ein paar Eseln bis zum Rande des Gletschers auf 5000 Meter Höhe hochtragen. Von hier aus konnte man gut mit den Ski aufsteigen. In nur acht Tagen hatten wir dann zwei Hochlager (5600 Meter und 6500 Meter) aufgebaut und mit allem Notwendigen für einen Gipfelaufstieg ausgestattet. Durch das tägliche Auf und Ab verlief die Akklimatisation außergewöhnlich schnell. Die Abfahrten mit Ski waren beim ersten Mal trotz leeren Rucksacks ungewohnt, und nach wenigen Schwüngen raste der Puls, während wir uns, mit dem Oberkörper zwischen den Skistöcken hängend, zu erholen versuchten.

Von Mal zu Mal wurde es aber erträglicher. Jetzt müßte es nur noch für den Gipfeltag den gewünschten Schnee geben, und das Glück wäre perfekt! Bei den in über 7000 Metern üblichen Windgangeln hört das Vergnügen beim Skifahren nämlich auf; das hatten wir vom Vorjahr bei einer Skiabfahrt vom Pik Lenin (7134 Meter) noch gut in Erinnerung. Als wir am 23. Juli 1992 gerade unser höchstes Lager für den Gipfelaufstieg bezogen hatten, kamen die Italiener vom Gipfel runter. Selten habe ich Bergsteiger so erschöpft gesehen. Einer saß ein paar Meter neben unserem Zelt im Schnee; zu müde, um aufzustehen, hantierte er an seiner Skibindung herum. Ein Ski löste sich und schlitterte etwa 100 Meter tiefer in eine Gletscherspalte. Jetzt

Skiaufstieg zum Mustagh Ata. Hellmut Seitzl bei einer Rast in etwa 7300 Meter Höhe.

Im Hunzaland, südlich des Khunjerab-Passes.

konnten wir uns bei den Italienern revanchieren und sie mit warmen Getränken aufpäppeln, damit sie es bis zu ihren Zelten runter schafften.

Am nächsten Morgen war es diesig, und es herrschte ganz schlechte Sicht. Wir warteten den ganzen Tag ab, zu viert mit einer Frau in einem »Drei-Mann-Zelt«. Am darauffolgenden Morgen sollte es klappen, oder wir mußten wieder runter. Nachts war es angenehm warm im Zelt; unserer ersten Vermutung nach, weil wir so eng wie die Heringe darin ruhten. Als ich morgens um 6.00 Uhr bei bitterer Kälte vors Zelt ging, um unseren Benzinkocher für den Frühstückskaffee anzuwerfen, sah ich den eigentlichen Grund für die angenehm verbrachte Nacht. Auf dem Zelt lagen 30 Zentimeter Neuschnee, feiner, erstklassiger Pulverschnee. Das Thermometer zeigte –25 °C in 6500 Meter Höhe! Wir brauchten fast zwei Stunden, bis wir startbereit waren.

Hellmut Seitzl hatte Kopfweh und fühlte sich gar nicht wohl. Heidi war unsicher, ob sie bei dem Neuschnee mit Helmut Katzenmeier und mir mithalten könne, da sie einen solch hohen Berg noch nie gemacht hatte. Beim Aufstieg zogen nur einzelne Schichtwolken von Westen her; das Hauptproblem an diesem Morgen war also der Neuschnee. Abwechselnd spurten Helmut und ich. Nach jeder Stunde machten wir eine kleine Pause und stillten unseren Durst mit heißem Tee aus den Thermosflaschen. Ab 7200 Meter wurde es immer flacher, ohne daß der Gipfel in Sicht kam. Endlos zogen wir die Skispur durch den Pulverschnee. Drei weitere Stunden spurten wir, bis es völlig eben war. Rechts von uns eine kleine Mulde und ein etwa fünf Meter hoher Felsen: der Gipfel!

Bis wir die Felle von den Ski gerissen, die Bindung umgestellt und die Schuhe enger geschnürt hatten, verging die Zeit wie im Fluge. Ohne es groß zu merken, hielten wir uns schon eine Stunde auf dem Gipfel auf. Inzwischen hatte es zu schneien angefangen. Die tiefe Aufstiegsspur war zu Beginn der Abfahrt noch gut zu erkennen, nach der ebenen Gipfelfläche war sie je-

Oben: Heidi testet ein pakistanisches »Wasserbett« am Indus. Unten: Gipfelfest im Mustagh Ata-Basislager. Von links: Klaus, Ekke, Hellmut und Lorenz. Lustig, ausschweifend ... anstrengend!

doch zugeschneit. Jetzt mußten wir die Markierungsfähnchen finden oder ... Die Konsequenzen wollte ich mir lieber nicht ausmalen. Bei der Kälte hier oben die Nacht verbringen? Ein Biwak in einem Schneeloch? Eine Schaufel hatte ich aus Sicherheitsgründen ja in meinen Rucksack gepackt – für alle Fälle! Aber wenn es irgendwie möglich wäre, wollte ich solch ein Biwak vermeiden. Allzu schnell gibt es, wenn Flüssigkeitsmangel, Kälte und geringer Sauerstoffdruck zusammenkommen, böse Erfrierungen. Wir waren etwa um 17 Uhr vom Gipfel gestartet, und es blieben etwa vier Stunden bis zum Einbruch der Dunkelheit. Meine drei Begleiter waren allesamt ausgezeichnete Tiefschneefahrer; wenn also jetzt nichts dazwischenkam, müßte die Zeit eigentlich reichen.
Zu unserer Überraschung ließ sich der inzwischen knietiefe Schnee, der bei den Schwüngen bis ins Gesicht hochgewirbelt wurde, ausgezeichnet fahren. Es war ein Genuß und der Schnee so weich wie eine riesige Daunenmasse, der reinste Kanada-Pulver! Wenn es nur nicht so anstrengend gewesen wäre! Immer nach Luft japsend, konnten wir höchstens zehn Schwünge am Stück fahren und mußten uns dann wieder, in den Stöcken hängend, erholen. Wir blieben alle vier eng zusammen und fuhren meistens nebeneinander. Bei etwa 7000 Meter war die Sicht so schlecht, daß der Vorausfahrende ohne natürlichen Horizont Gleichgewichtsschwierigkeiten bekam und sogar im Stehen umfiel. Deshalb ließ ich anhalten und wartete über eine halbe Stunde auf Wetterbesserung. Um 19 Uhr erreichten wir unser Zelt in 6500 Meter Höhe. Hellmut Seitzl war zu müde, um weiterzufahren. Er zog es vor, bei dem Schneetreiben hier oben zu bleiben, um am nächsten Morgen dann mit Funkkontakt ausgeruht abzufahren.
Weiter unten wurden die Flocken etwa fünfmarkstückgroß und immer feuchter! Der Schnee war aber locker und ließ sich immer noch ausgezeichnet fahren. Unterhalb der 6000-Meter-Linie waren unsere Sauerstoffprobleme verschwunden, und wir konnten es richtig laufen lassen. Am Ende des Gletschers in 5000 Meter Höhe ließen wir die Ski einfach liegen, denn wir mußten ja sowieso noch einmal hinauf, um die Lager zu räumen, und stapften die letzte halbe Stunde im Schneetreiben runter zum Basislager, wo wir mit dem schönsten Freudengeheul von den Italienern empfangen wurden!
Den wichtigsten Teil der ganzen Tour erlebten wir drei Tage später: die Gipfelfeier. Nach einem Zehn-Gänge-Dinner, das sich bis in die Morgenstunden hinzog, waren wir müder als nach der Gipfelabfahrt, aber fröhlich und glücklich! Hellmut Seitzl brachte mit seinen Schweizer Gschtanzeln und Festgesängen die Chinesen völlig aus dem Häuschen. Vielleicht hatten sie auch aus diesem Grund zu tief in ihre Schnapsgläser geguckt, denn am nächsten Tag mußten sie erst mal ihren Rausch ausschlafen.
Heidi und ich machten vor dieser exotischen Skitour noch eine neue Erfahrung. Wir hatten diesmal unsere Vorbereitung zu Hause ausschließlich auf Mountainbikes absolviert. Jede freie Minute waren wir damit unterwegs. Manchmal waren wir nur mit Mühe den Appenzeller Hofhunden, üblen Wadlbeißern, entkommen. Aber es hatte sich gelohnt, denn das Mountainbike-Fahren erwies sich als optimales Konditionstraining und vorzügliche Vorbereitung für unsere Mustagh-Ata-Tour.

Skiabfahrt vom Mustagh Ata bei dichtem Schneetreiben und Weltuntergangsstimmung. Trotz daunenweichem Pulverschnee war das äußerst anstrengend. Nach wenigen Schwüngen raste der Puls. Zur Orientierung pflügte ich meinen Begleitern eine Spur in den Schnee. Ohne Horizont war ein Schwingen nicht möglich, da der Gleichgewichtssinn verrückt spielte.
Hellmut Seitzl (links) hechelt in den Stöcken hängend nach Luft, während Heidi (Mitte) und Helmut Katzenmeier (rechts) gerade in voller Aktion auf mich zufahren.

Danis auf dem Wochenmarkt in Ilaga.

Carstensz – Begegnung mit der Steinzeit

In der Würmeiszeit, vor etwa 60 000 Jahren, wurden enorme Wassermassen als Eis auf den Kontinenten der Nordhalbkugel abgelagert. Auf solche Weise zurückgehalten, konnte dieses Wasser nicht mehr seinem natürlichen Kreislauf folgend in die Ozeane gelangen. Der Meeresspiegel lag daher etwa 200 Meter niedriger als heute. An vielen Orten sah die Erdoberfläche völlig verändert aus. Die Niedrigwasserzonen, auch Schelf genannt, wurden dadurch trockengelegt. Neuguinea und Australien bildeten in dieser Zeit eine fast lückenlos zusammenhängende Landmasse. Die Timor- und Arafura-See sowie der Carpentaria-Golf waren trockene Landbrücken. Erst vor etwa 12 000 Jahren, als am Ende der letzten Eiszeit die riesigen Plateau-Gletscher der Nordhalbkugel abschmolzen, versanken die Landflächen zwischen Australien und Neuguinea im ansteigenden Meer.
Aus diesem Grund wird Neuguinea geographisch heute Australien zugeordnet. Und auf Neuguinea liegen die höchsten Berge des Kontinents Australien-Ozeanien. Wie ein steinernes Rückgrat zieht sich ein Gebirge von West nach Ost über mehr als 2000 Kilometer hin. Nach Grönland ist Neuguinea die zweitgrößte Insel der Erde. Vor allem ihr westlicher Teil ist wenig erforscht, ein wildes Land mit Regenwäldern und riesigen Sümpfen.
Anfang des 17. Jahrhunderts segelte der Holländer Jan Carstensz im Auftrag der niederländischen Ostindien-Kompagnie durch diese Gegend und sah vom Arafura-Meer aus ein hohes Schneegebirge, was er in Holland meldete. Er wurde aufgrund dieser Mitteilung für verrückt erklärt. Heute trägt der höchste Berg seinen Namen: Carstensz-Pyramide, 4884 Meter hoch. Neuguinea erhielt seinen Namen schon 100 Jahre vor Carstensz durch portugiesische Seefahrer, die die Vogelkopf-Halbinsel betraten. Sie wurden von dunkelhäutigen, kräftigen Gestalten umzingelt, deren Körper furchterregend mit grellen Farben bemalt waren und sehr viel Ähnlichkeit mit der Bevölkerung Guineas an der Westküste Afrikas hatten.

Der Westen Neuguineas etwa ab dem 141. Grad östlicher Länge wurde im 19. Jahrhundert holländische Kolonie, den Ostteil teilten sich Deutschland und Großbritannien. Im Zweiten Weltkrieg versuchten die Japaner, durch das undurchdringbare Dschungelland und seine Gebirge zu den australischen Statthaltern vorzudringen. Die noch auf der Steinzeitstufe lebenden Eingeborenen kannten zwar Stammeskriege, aber die Technik, deren sich der weiße Mann bediente, war ihnen völlig fremd. Wenn sie im Urwald abgestürzte Flugzeuge fanden, hielten sie diese für die Mütter der weißen Menschen, die sie tot oder verletzt in den Leibern der abgestürzten Maschinen liegen sahen.
Bei meiner Ankunft auf der Neuguinea vorgelagerten Insel Biak wurde ich gleich mit über 50 Jahre altem Kriegsmaterial der Japaner, das im Urwald verrottete, konfrontiert: Flak-Geschütze, Fliegerbomben, Stahlhelme und vieles mehr hatte man aus dem Kampfgebiet des Zweiten Weltkriegs zusammengetragen. Auch der Flugplatz auf Biak stammte von den Japanern und wurde erst später für den internationalen Luftverkehr ausgebaut.
Der östliche Inselteil, Papua-Neuguinea, ist seit 1975 unabhängig. Der Westen wurde 1963 von Indonesien kassiert und heißt heute Irian-Jaya. Es bestehen allerdings keinerlei Gründe religiöser, kultureller oder verwandtschaftlicher Art, die diese Annexion rechtfertigen würden.
Die Sudirman-Berge sind sehr schwer zugänglich, einmal wegen des breiten Gürtels aus undurchdringlichem Regenwald und dann vor allem wegen des Bestrebens der indonesischen Regierung, Besucher von diesem Gebiet fernzuhalten.

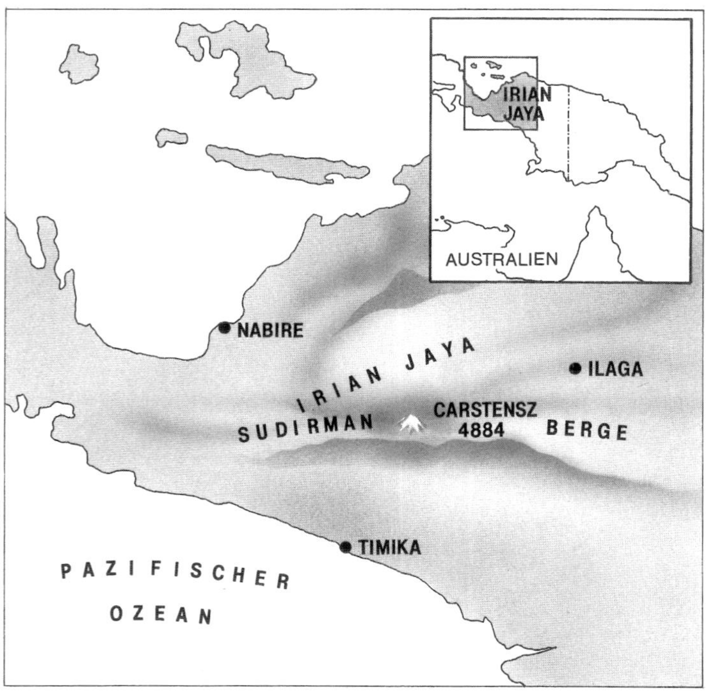

Nach 1975 war es sehr schwierig, eine Genehmigung für einen Besuch der Sudirman-Berge zu bekommen. Das lag einerseits daran, daß die Sicherheit der Besucher wegen der Freiheitsbewegung Papua Merdeka nicht zu gewährleisten war, und andererseits an einer Kupfermine. In unmittelbarer Nähe der Carstensz-Pyramide wird mit riesigen Maschinen Kupfer abgebaut. Die weltweit größte Kupfermine, die im Tagebau betrieben wird, schürft einen 4200 Meter hohen Berg, der einen hohen Kupfer- und auch Goldgehalt aufweist – Ertsberg nannten ihn die Holländer – mit Bulldozern im 3-Schicht-Betrieb ab. Der Lärm der Maschinen ist bis zu den Graten und Kalkriffen der Carstensz-Pyramide zu hören. 1966 hat die amerikanische Firma Freeport Indonesia die Schürfrechte für vorerst 30 Jahre erworben. Unterhalb des Ertsbergs ist eine Erzmühle entstanden, in der das metallhaltige Gestein zerkleinert und dann schließlich aufgeschlämmt bis Timika an der Arafura-See transportiert wird. Auf etwa 2000 Meter Höhe, etwas oberhalb der feuchtheißen Küstenzone mit ihren Mangrovensümpfen, ist eine ganze Minenstadt für etwa 500 Familien entstanden: Tembagapura. Mit der Mine ist der Ort durch eine Seilbahn, die mehr als 800 Höhenmeter ohne Stütze überwindet, verbunden, mit Timika durch eine kühn angelegte, 100 Kilometer lange Gebirgsstraße. Das Ganze ist zolltechnisch ein Freihafen und komplett eingezäunt. Nur ganz wenige, handverlesene Bergsteiger, die gute Beziehungen zu Freeport Indonesia oder aber zur schweizerischen Seilbahnfirma hatten, konnten die Carstensz-Pyramide über Tembagapura besteigen. Von zweien geht gar die Kunde um, sie hätten es ohne Genehmigung versucht. Nachdem sie »verpfiffen« worden waren, lauerte ihnen die Polizei auf und schnappte sie prompt beim Abstieg vom Gipfel. Seitdem wird die ganze Region gut überwacht.
Auch Gruppen, die eine Expeditionsgenehmigung bekommen – die Regierung von Indonesien hat die Bestimmungen inzwischen etwas gelockert und läßt einzelne Gruppen zu, sechs Tagesmärsche östlich von Ilaga her kommend –, werden regelmäßig vom Hubschrauber aus kontrolliert, ob sie die Auflagen einhalten, denn nach wie vor ist die Mine für Fremde tabu. Obwohl kaum Absicht dahintersteckt, tragen die indonesischen Behörden auf diese Weise dazu bei, daß man die wohl einmalige Gelegenheit erhält, der »Steinzeit« zu begegnen.
Heinrich Harrer, der zusammen mit Phil Temple die Carstensz-Pyramide 1962 zuerst bestieg, hatte ebenfalls seine Probleme mit den politischen Verhältnissen auf Neuguinea. Wenn auch ganz andere: die Holländer wurden mehr oder weniger gezwungen, das Land zu verlassen, auf das Indonesien Ansprüche anmeldete. Die Einwohner Irian-Jayas wurden in dieser Angelegenheit erst gar nicht befragt. Geld war bei ihnen damals noch nicht bekannt, und so brachte Harrer, um die Träger zu bezahlen, Kauri-Muscheln, die er zuvor auf Tahiti gesammelt hatte, als Zahlungsmittel mit. Ein paar Stahläxte ergänzten den Trägersold und lösten somit die Steinäxte ab, die aus obsidianartigen Steinscherben hergestellt worden waren.

Tägliche Regenfälle im Landesinneren Neuguineas bei Ilaga. In den Sudirman-Bergen fallen jährlich mehr als acht Meter Niederschlag.

Die enormen Niederschläge verwandeln jeden Pfad in einen Schlammtrail. Die tagelange »Schlammschlacht« beim Anmarsch von Ilaga zur Carstensz-Pyramide gibt dem Abenteuer am höchsten Berg des australischen Kontinents eine eigene Note.

Undurchdringbarer Dschungel, üppige Farnwälder rahmen das Hochplateau der Sudirman-Berge ein.

Als unsere kleine, aus drei Deutschen, zwei Schweizern, einem Spanier und einem indonesischen Dolmetscher bestehende Gruppe im November 1993 Neuguinea erreichte, hatten wir zwar die für die Carstensz-Besteigung erforderliche Genehmigung, aber keine Ausrüstung. Diese war auf irgendwelchen verschlungenen Cargo-Pfaden eines Flughafens verschütt gegangen. Um uns die Wartezeit in dem malariaverseuchten Küstenstädtchen Nabire zu vertreiben, organisierten wir eine Fahrt mit einem Auslegerboot zu einer der paradiesisch gelegenen Südseeinseln vor der Küste Neuguineas. Wir waren noch ganz beeindruckt von der milden Nacht der Südsee, als kurz vor dem Anlanden das Auslegerboot durch die Unachtsamkeit eines Mitglieds unserer Gruppe zu kentern begann.

Zu viert fielen wir mitsamt den Kameras ins Wasser. In der Dunkelheit verloren wir den Überblick, und was zufällig aus dem Wasser gefischt werden konnte, war durch das Salz so geschädigt, daß auch anschließendes Spülen mit Süßwasser und Fönen nichts half. Leichter war es, die salzwassergetränkten Dollarnoten einzeln auf dem Boden und dem Bett auszulegen und mit dem Fön zu trocknen.

Ein herber Schlag – und sehr kostspielig dazu –, aber lange nicht so folgenschwer wie die unfreiwillige Wartezeit auf das Gepäck. Die Tage in den Sudirman-Bergen schmolzen zusammen, und als das Gepäck mit großer Verspätung endlich da war, konnten wir uns bei dem unsicheren Wetter im Gebirge (acht Meter Niederschlag fallen jährlich!) mit Skepsis ausrechnen, ob wir in den verbleibenden vier Tagen am Berg die Carstensz-Pyramide wenigstens noch über den Normalweg Harrers schaffen würden.

In Ilaga, keine zwei Flugstunden von Nabire entfernt, treffen wir Danis, die teilweise noch in steinzeitlichen Verhältnissen leben. Heinrich Harrer berichtete von seiner Expedition des Jahres 1962 zum ewigen Eis im Tropendschungel, daß sich die Danis nackt bewegen, auch bei den kalten Temperaturen im Hochland der Sudirman-Berge. Bei starken Regengüssen schützten sie sich lediglich mit einem Bündel Farnblätter, das sie wie einen Hut über den Kopf stülpten. Zündhölzer oder Feuerzeuge waren ihnen unbekannt. Selbst bei tagelangem Regen konnten sie den mitgeführten Zunder mit der »Feuersäge« entfachen. Ihrer traditionellen Bekleidung, Penishülle aus getrocknetem Kürbis beziehungsweise Bastrock, sind die Danis nach wie vor verbunden. Aber schon beim kurzen Marsch von der Landepiste ins Dorf präsentiert sich vieles verändert: Baracken mit Funkgeräten, Transistorradios, Stahläxte und Zündhölzer ...

Es ist gerade Wochenmarkt, als wir ankommen. Walter Treibel, der sonst meistens hinter seiner Kamera auf Motive lauert, ist fasziniert: »Es ist malerisch, exotisch, ursprünglich, ja geradezu archaisch. Etwa die Hälfte der Menschen ist wie eh und je bekleidet: die Männer nur mit Penisköcher, viele mit Federn, Schnüren und Bändern geschmückt, manche regelrecht herausgeputzt, während die Frauen viel unscheinbarer wirken. Ihre traditionelle Kleidung besteht lediglich aus einem Bastrock, ansonsten ist ›oben ohne‹ völlig natürlich. Eigentlich nur ein Gemüse- und Früchtemarkt, erfüllt dieses Zusammentreffen der Danis auch wichtige soziale Funktionen: Nackte Babys werden gestillt, dazwischen spielen kleine Kinder, Bekannte begrüßen sich, Neuigkeiten werden ausgetauscht, man will sehen und gesehen werden, wobei wir paar Touristen keine große Rolle spielen und nur mäßig beachtet werden. Ich bin so fasziniert von all den neuen Eindrücken, daß ich vor lauter Schauen und Staunen fast nicht zum Fotografieren und Filmen komme. Dies aber ist mit etwas Erfahrung und Geschick relativ gut möglich – die Danis sind weder besonders scheu noch aufdringlich, einfach völlig unverdorben und natürlich, wie ich es bisher noch kaum erlebt habe.«

Für die freundschaftliche Begrüßung der Männer untereinander gibt es ein spezielles Ritual. Sie schütteln sich weder die Hände noch umarmen sie sich. Die Begrüßung ähnelt etwas dem bayerischen Fingerhakeln. Das gebeugte Mittelfingergelenk des Begrüßungspartners wird zwischen gebeugtem Mittel- und Zeigefinger eingeklemmt und zweimal hintereinander so daran gezogen, daß es beim Ziehen über die knöcherne Gelenkverdickung zu einem hörbaren »Schnackeln« kommt.

Am selben Nachmittag werden die Träger angeheuert. In drei Reihen stellen sich 51 Danis auf. Die meisten gehören zu den drei Sippen Wacka, Kogoya und Wonda. Das »Briefing« des Ortspolizisten schließt auch das Versprechen des Trägerobmanns ein, daß jeder für seinen täglichen Sold von sieben Dollar fleißig seine Traglast befördert und den Anweisungen des Dolmetschers Ripto aus Djakarta Folge leistet. Etwas ungläubig hatte ich anfangs die Lasten nachgeprüft, nur 15 Kilogramm! Die Danis schleppten große Mengen Süßkartoffeln (Bataten) in handgeknüpften Netzen mit. Etwas weniger als die Hälfte der Träger ist nur damit beschäftigt, den eigenen Proviant zu transportieren. Neun Frauen und ein zweijähriges

Die Nordwand der Carstensz-Pyramide vom Neuseelandpaß aus. Die enormen Niederschläge haben den Kalk so stark zerfressen und erodiert, daß Klettern ohne Handschuhe sehr schnell blutende Hände verursacht. Der Fels ist außergewöhnlich rauh und kompakt. Viele Kletterstellen sind deshalb viel leichter, als sie aussehen.

Kind, das noch gestillt wird, sind mit dabei, als die muntere Schar am nächsten Morgen in die Berge zur etwa 50 Kilometer Luftlinie entfernten Carstensz-Pyramide aufbricht. Die fröhliche Gesellschaft vermittelt den Eindruck, daß dieser Ausflug als eine willkommene Abwechslung zur täglichen Arbeit auf den kunstvoll angelegten Batatenfeldern aufgefaßt wird. Oder wollten sie auch selber prüfen, ob, wie die Danis laut einem früheren Berichterstatter vermuteten, die Weißen im Carstensz-Gebirge in Wirklichkeit Frauen suchten; weshalb sonst all die Strapazen?

Die Gründe für die eher bescheidene Trägerlast von 15 Kilogramm sollten wir bald erfahren. Sechs Tage werden für die kurze Strecke von Ilaga ins Gebirge benötigt. Täglich sechs bis sieben Stunden reine Marschzeit, meistens geht es durch den Sumpf eines Hochmoors zwischen 3000 und 4000 Meter Meereshöhe.

Die erste Nacht verbringen wir neben einer Rindenhütte im Urwald an der 3000-Meter-Grenze. Von der grünen Kathedrale über uns können wir nur ab und zu etwas wahrnehmen, denn der Aufstieg über glitschige Wurzeln, labile Baumstämme und Sumpfpfade erfordert unsere ganze Aufmerksamkeit. Der Dreck fließt oben über den Rand in die Gummistiefel rein, sucht sich durch die Bewegung beim Laufen wieder seinen Weg nach oben, bis wir uns von der Farbe her schon ganz gut unserer Umgebung angepaßt haben. Am Vormittag des zweiten Tages fängt es an zu regnen, und es hört erst in der Nacht wieder auf. Neben Farnbäumen und stark erodierten Kalkriffen errichten wir unser Zeltlager auf einem kleinen Rücken. Die Danis verbringen die Nacht in einer Felshöhle (Kunnundu) und wärmen sich am Feuer, welches sie selbst mit nassem Brennmaterial in kürzester Zeit »herbeizaubern« können. Kunnundu liegt schon etwa 3500 Meter hoch, nachts wird es empfindlich kalt: Minustemperaturen. Die Überzelte sind morgens gefroren.

Die Danis vertreiben sich in der Kälte der Nacht die Zeit mit Singen. Die Melodie ist melancholisch und wird ständig wiederholt. Durch die tiefen Bässe der Männerkehlen guttural untermalt, vermittelt sie den Einstieg in die Welt ihrer Ahnen, in ihren Geisterkult. Für uns eine Traumwelt ... Die Dani-Männer sind zwar klein, aber von kräftiger Statur. Man sieht jede Muskelfaser ihrer durchtrainierten Körper und kein Gramm Fett. Ganz anders die Frauen. Sie geraten schnell »aus der Form«, vielleicht sind daran die zu einseitige Ernährung und die traditionelle Rollenverteilung von Frauen und Männern im Alltag schuld. Schweine werden in den Frauenhütten großgezogen. Da sie nur zu Kultzwecken geschlachtet werden und auch als Brautpreis eine große Rolle spielen, werden sie oft genauso gehegt und gepflegt wie die eigenen Kinder. Das Schweinefleisch, eine der wenigen Proteinquellen, ist aber nur Männern vorbehalten.

Auf der dritten Etappe von Kunnundu bis Mapala Puroum haben wir endlich schönes Wetter. Durch den Hochlandsumpf, der als einzige Abwechslung Farnbäume kennt, geht es sogar einmal etwas abwärts bis zum Zengill-Fluß auf 3200 Meter. Nach einem idyllischen Flußtal heißt es jedoch wieder das Hochplateau erklimmen. Wenn wir rasten, zünden die Danis stark rauchende Feuer aus Farnblättern an, um darin ihre Süßkartoffeln zu garen. Da die Gruppe weit auseinandergezogen ist, kann man so die Route über das Sumpfplateau an den Rauchfeuern erkennen. Als auf dem Hochplateau der Großteil der Gruppe Mittagsrast macht, maschiere ich mit zwei Trägern weiter. Anfangs bin ich nur neugierig und will die Technik abschauen, mit der sie den Schlamm im Hochmoor scheinbar spielend überwinden. Auch die faszinierende Fähigkeit, ohne Versuche den günstigsten Weg im spurlosen Moorgelände zu finden, ihr instinktiv sicherer Orientierungssinn, weckt mein Interesse. Die Danis haben neben den breiten ausgeprägten Spreizplattfüßen mit ihrer fast dreieckigen Form auch spezifisch trainierte Muskeln im Unterschenkelbereich.

Heinrich Harrer hat geschrieben, daß er mit den Dani nicht hatte mithalten können. Also, das wollte ich auf einen Versuch ankommen lassen! Nach Auskunft der Träger waren wir etwa noch drei bis vier Stunden von unserem Tagesziel entfernt und hatten alle etwa dieselbe Last. Einer trug Bataten im Netz über der Stirn, der andere ein leichtes Plastikfaß und ich meinen Rucksack mit allerlei Reservesachen. Die Träger spürten wohl, daß ich sie auf die Probe stellen wollte, denn diese Naturvölker sind in der Lage, auf kleinste Regungen in Mimik und Körpersprache zu reagieren. Sie machten relativ kurze Schritte, entsprechend ihrer geringen Beinlänge, aber die hohe Schrittfrequenz, die sie den sumpfigen Boden nur flüchtig berühren ließ, war das Geheimnis. Mit einer spielerischen Gewandtheit und einem ökonomischen Krafteinsatz hielten sie die Frequenz stundenlang durch. Sie drehten sich nie nach mir um, sie hörten ja meine Schritte im Sumpf hinter sich, und natürlich merkten sie, daß ich an ihren Fersen »klebte«, auch als sie immer schneller liefen. Aber mit Hilfe ihrer Technik konnte ich ihnen folgen. Etwa zwei Stunden vor Mapala Puroum wurde das Gelände trockener, ein richtiger Pfad war erkennbar. Bei der ersten Gelegenheit, als es einen Buckel hoch ging, machte ich richtig Tempo und zog an ihnen vorbei. Durch monatelange Höhenakklimatisation im Himalaya, in Höhen über 5000 Meter, war ich in der Lage, sogar noch zuzulegen. Die Danis versuchten eine halbe Stunde lang, hinter mir herzurennen. Mit ihren Plattfüßen hatten sie keine Chance.

Als sie in Mapala Puroum ankamen, hatte ich schon alle meine Sachen getrocknet, einschließlich meiner vom Schlamm verschmierten Socken aus den Gummistiefeln. Obwohl ich sie mit einem schon fast provozierend breiten Grinsen empfing, ließen sie sich überhaupt nichts anmerken. Mit Saba und Theophilus von der Wonda-Sippe saß ich bald am rauchenden Feuer und probierte hungrig ihre Süßkartoffeln, während sie die letzten Rosinen von meinem Rest Studentenfutter verspeisten. Als es kälter wurde, zogen sie lediglich einfache »Ostfriesennerze« über ihre Schultern. An den Beinen, die im Verhältnis zu den Rümpfen ziemlich kurz waren, zeigten sie keinerlei Zeichen von Kälteempfindlichkeit wie zum Beispiel Gänsehaut. Einzig ihre »Männlichkeit« wird immer von einem Penisköcher gewärmt.

Auf dem Weg vom Flugfeld zum Markt nach Ilaga war mir ein Dani aufgefallen, der seine Hose, die er zur Begrüßung des weißen Mannes extra am Flugplatz zur Schau trug, auszog, kunstfertig seine Penishülle befestigte und sich zu seinen Stammesbrüdern auf den Wochenmarkt gesellte. In Jeans oder in T-Shirts wird keine Verbundenheit zur Sippe demonstriert.

Zwei Etappen später erreichten wir den Discovery-See und damit das Ende des Hochmoors. Eine Etage höher, nach einem Steilaufstieg, der nur aus Sumpfkaskaden bestand, bezogen wir am Larson-See das Lager. Hinter den gespenstischen Nebelschwaden schauten ab und zu dunkle Felspartien der 1000 Meter hohen Nordwandmauer heraus. In einem großen Felsloch bereiteten die Danis ihre Lager: Graspolster gegen Bo-

Nach einem Aufstieg über regelrechte Schlammkaskaden schlugen wir am Ufer des Larson-Sees unser Lager auf. Die Träger verbrachten die Nacht im Schutze einer Felshöhle.

Die Kupfermine »Freeport Indonesia« vom Gipfel der Carstensz-Pyramide aus gesehen. Diese größte im Tagebau betriebene Kupfermine baut einen 4200 Meter hohen Erzberg ab. Für Bergsteiger war sie bisher tabu, und dies machte den langen Anmarsch von Ilaga her erforderlich.

denkälte, Farnzweige gegen Luftzug, und Körper an Körper wärmten sie sich am Feuer. Nach Einbruch der Dunkelheit stimmten sie wieder ihre melancholisch-gutturalen Gesänge an, die immer mit verblüffend echter Imitation von Hundegebell endeten. Ob sie damit die bösen Geister des Dugundugu-Gebirges, wie das Sudirman-Gebirge in ihrer Sprache heißt, vertreiben wollten?

Am nächsten Tag kletterte ich durch die tiefste Einkerbung in der Dugundugu-Nordwand, umgeben von einer großartigen, völlig einsamen Felsarena, als mein Interesse auf einen Totenschädel mit ein paar Gebeinen gelenkt wurde: der Neuseeland-Paß. Er wurde 1961 von dem Neuseeländer Phil Temple entdeckt. Später fand ich, etwas abseits vom Weg, zusammen mit Walter Treibel ein vollständiges Skelett eines Danis: wahrscheinlich an Erschöpfung gestorben. Oben auf dem Neuseeland-Paß – es war noch eine frühe Vormittagsstunde – war in der Ferne sogar die Arafura-See zu erkennen. Beim Abstieg zum Meren-Tal nebelte es dann ein (für die nächsten vier Tage!). Nachmittags konnten wir vom Mittenkamm, der zwischen Meren-Tal und Gelbem-Tal liegt, noch einen Blick auf die Nordwand der Carstensz-Pyramide erhaschen. Der Wolkenvorhang ging dann wieder zu, die ganze Nacht trommelte der Regen auf die Zeltplane. Im trockenen Zelt war das gerade die rechte Musik zum Einschlafen.

Um 5.00 Uhr in der Frühe, noch im Dunkeln, sind wir am nächsten Morgen unterwegs zur Carstensz-Pyramide. Der Normalweg durch die Nordwand, die Harrer-Route, ist noch etwas naß vom nächtlichen Regen. Aber die Kletterei ist anregend und nicht sehr schwierig. Ramon klettert vor Walter und mir, und die restliche Vierergruppe, die eine Variante benützt, verlieren wir bald aus den Augen. Auf einer Schutt-Terrasse unter dem Grat bekommen wir schon die ersten Regentropfen ab, obwohl gerade mal 8.00 Uhr vorbei ist. Wenn es richtig gießt, werden die Erosionsrillen und Risse zu Wasserfällen. Also schnell zurück! Wieder unten am Einstieg, beginnt es auch prompt zu regnen. Der Regen hält den ganzen Tag und die folgende Nacht an. Ramon kommt nach einer schnellen Solobesteigung mittags vom Gipfel zurück, völlig durchnäßt, hat

Am Gipfelgrat der Carstensz-Pyramide.

aber zu unserer Verwunderung von der Vierergruppe nichts gesehen oder gehört. Erst abends nach 19.00 Uhr sind sie wieder zurück, ohne einen trockenen Faden am Leib und »fix und foxi«!

Walter und ich versuchen unser Glück nochmals. Am 20. November 1993 ziehen die Nebelschwaden morgens um unser Zeltlager, das noch tief schläft, und die schwarzen Kalkfelsen glänzen beim ersten Morgenlicht ganz naß von der vorausgegangenen Wasserschlacht. Seilfrei klettern wir über den scharfen, eisenfesten Fels bis auf den Grat, wo wir nach einer Abseilstelle eine etwas steilere Wandstufe erreichen. Der scharfkantige, stark erodierte Kalkfels ist so rauh, daß ich die Griffe nicht zu sehr belasten kann, sonst reißen gleich Hautfetzen ab. Dies ist die einzige Stelle, die Seilsicherung erfordert. Bei einem Klemmblock mit einem etwas delikaten Spreizschritt findet Walter eine viel elegantere Klettermöglichkeit, zwar ausgesetzt – wie Fliegen kleben wir an einer 500 Meter hohen Platte, die in die Nordwand abstürzt –, aber dank Hofbräuhausverdächtigen Bierhenkeln (Griffe) im bombenfesten Kalk ist das eine nette Turnübung.

Zwischen den Nebeln können wir ab und zu einen Blick auf den Gletscher der Carstensz-Südseite erhaschen, der unmittelbar über den grünen Urwäldern von Tembagapura liegt. Das sind Kontraste!

Nach fünf Stunden Kletterzeit stehen wir auf dem Gipfel, und wie zum Lohn für unsere Geduld hatten wir eine seltene »Trockenbegehung«. Jetzt noch einen Blick auf die Gletscher der Nordwandmauer: Die Mine ist so nah, daß wir sogar die Bewegungen der Bulldozer sehen können!

Beim Abstieg lassen wir uns von dem Tip unseres Dolmetschers verführen, drei Seillängen durch eine Kaminschlucht abzuseilen. Viel besser und vor allem sicherer wäre es, den Grat wieder zurückzuklettern. Die Schlucht ist voll mit gelbem schmierigem Lehm, vermischt mit Neuschneeresten, und die zweite Abseilstelle ist wie für Lebensmüde eingerichtet: ein einziger und noch dazu wenig verläßlicher Haken, nur halb in eine bröselige Rißspur geschlagen. In ihm hängt das blokkierte Seil, das die Vierergruppe am Vortag nicht mehr abziehen konnte und deshalb kappen mußte. Der Grund des Mißgeschicks: der Seilverbindungsknoten wird vom darüberliegen-

den Seil an den rauhen Fels gedrückt. Ein schwerwiegender Fehler! Nur gut, daß die Sache so glimpflich ablief.
Wir installieren erst mal sichere Abseilstellen und ziehen die Seile dann mit Hilfe von Jümarbügeln ab. Mit Wetterglück sind wir mittags zurück im Meren-Tal. Als wir unter der Zeltplane sitzen, fängt es an zu »schütten«. Bis spät in die Nacht prasselt der wolkenbruchartige Regen auf die Zelte. Nach ein paar Stunden läuft das Wasser in kleinen Bächlein unter die Küchenplane, und jetzt stehen wir mit den Füßen in der Brühe. Lebensmittel und Ausrüstung werden geduscht.
Da die uns verbleibende Zeit knapp wird und die Felsen regennaß sind, nehmen wir uns für den nächsten Tag eine Gletschertour vor. Veronika den Puncak Summantri, Walter und ich den Nga Pulu. Gesehen haben wir kaum etwas, aber es war immer noch besser, als im feuchtkalten Lager herumzusitzen.
Als Walter und Ramon am vierten Tag zu einer großen Kalkplatte der Nordwandmauer aufbrechen, bleibe ich etwas traurig zurück und beobachte vom Middenkamm aus mit dem Feldstecher, wie sie über die völlig gleichmäßig geneigte Kalkwand an Erosionsrillen in herrlicher Kletterei hochsteigen. Vom Herumsitzen in der schwimmenden Küche macht sich bei mir ein altes unfallbedingtes Leiden wieder bemerkbar, so daß ich erst abwarten muß, bis die Medikamente gegen die aufkommende Trigeminus-Neuralgie wirken. Walter und Ramon steigen gerade von ihrer »Aquarius line« ab, als prompt ein besonders heftiges Gewitter niederprasselt.
Am fünften Tag unseres Aufenthalts im Meren-Tal kommen 23 Dani-Träger, die unser Gepäck wieder zurück nach Ilaga tragen werden. Da sich das Gepäckverteilen heute aus unerklärlichen Gründen stundenlang hinzieht, nützen Walter und ich die Wartezeit für einen Abstecher zum Sunday Peak, der westlich des Neuseeland-Passes in der Nordwandmauer steht. Über einfache Karrenfelder und in der Tropensonne hell reflektierende Gletscher steigen wir unproblematisch in einer Stunde auf diesen schönen Aussichtspunkt. Die Carstensz-Pyramide präsentiert ihre hellgraue Nordwand vor strahlend blauem Himmel, und die Abstürze unseres Sunday Peaks nach Norden zum Dugundugu-See und zum Neuseeland-Paß entpuppen sich bei näherem Hinsehen als Wände für Traumklettereien in festem, griffigem Fels. Mit Bitterkeit denken wir an die verlorenen Tage in Nabire – da es jetzt zurück nach Ilaga geht, ist die Zeit abgelaufen, denn den Rückflug aus dem Urwald dürfen wir nicht verpassen. Nicht immer ist ein Sichtflug möglich!
Nach den intensiven Regenfällen der vergangenen Tage ist der Rückmarsch die reinste »Schlammschlacht«. Alle bisher noch einigermaßen gangbaren Pfade sind morastig. Vielerorts ist der Schlamm so tief, daß er uns wieder oben in die Gummistiefel reinläuft.
Die beiden Wonda-Träger wollen sich für die Schlappe beim Hinmarsch revanchieren und bieten mir ein Wettrennen durch den Schlammtrail an. Ich habe nicht die geringste Chance mitzuhalten. Ihre Plattfüße saugen sich nicht wie Gummistiefel

Oben: Auf dem Gipfel der Carstensz-Pyramide. Nach einer seltenen »Trockenbegehung« der Harrer-Route.
Unten: Fester griffiger Kalk am ausgesetzten Grat. Zum Schutz der Hände trage ich lederne Langlaufhandschuhe. Die Abseilschlucht ist im Hintergrund zu erkennen.

fest, und nachdem der Abstand zu ihnen immer größer wird, bekomme ich zunehmend Probleme, den besten Pfad zu finden. Unser Wettlauf findet bei einem Felsloch eine halbe Stunde vor Mapala Puroum ein ungeplantes Ende. Ein bewußtloser Dani liegt hier seit vier Tagen im Koma. Auf dem Weg von der Mine nach Ilaga ist er in der dünnen Luft bergkrank geworden. Walter diagnostiziert ein Lungenödem und bemüht sich, ihn mit Medikamenten transportfähig zu machen. Auf einer Trage aus Baumstämmen schleppen die Danis ihn nach Mapala Puroum. Immer wieder versuchen sie, mit ihrem »Hundegebell« die bösen Geister von dem Todgeweihten abzuhalten. Aber selbst mit starken Cortison-Dosen gelingt es dem weißen Medizinmann Walter Treibel nicht, den erst 17jährigen Jüngling zum Bewußtsein zurückzuholen.
Die Danis spüren wohl, daß der Junge verloren ist und lassen sich nicht dazu bewegen, den Transport fortzusetzen. In den Abendstunden stirbt Aguslima Alom. Seine Freunde und Verwandten, die ihn begleiten, beweinen ihn die ganze Nacht. Morgens wird er auf einem großen Holzstoß kremiert, nachdem Epinggen Wonda, einer unserer Träger, aus dem zweiten Brief des Paulus an die Korinther tröstende Worte vorgelesen und eine kurze Predigt gehalten hat. Epinggen hatte auf der ganzen Tour, zusätzlich zu seinem Gepäck, eine Dani-Bibel dabei. Auf einem einfachen Holzkreuz wird der Name des Verstorbenen eingebrannt und, wie das üblich ist, sein gelber »Freeport-Kittel« darübergehängt.
In Ilaga warten wir dann wegen eines Organisationsfehlers mehrere Tage auf das Flugzeug nach Nabire. Bei meinen Spaziergängen durchs Dorf treffe ich Saba, der mich in seine Hütte einlädt, nicht ohne mir vorher seine zweite Frau vorzustellen. Die erste hatte er wegen Unverträglichkeit nach kurzer Zeit wieder ihrem Klan zurückgegeben und auch den Brautpreis, fünf Schweine, wiederbekommen. Frauen haben bei den Danis eine sozial niedrigere Stellung als Männer. Sie gelten als Eigentum und werden bei der Hochzeit gekauft. Wegen Beischlaftabus haben die meisten Frauen nicht mehr als zwei Kinder. Dies ist ein Grund für Männer, die es sich leisten können, mehrere Frauen zu kaufen.
Die seit altersher vorkommenden Aggressionen und Kriege zwischen den Sippen der Danis, die eine wesentliche Ursache für den Verbleib in der Steinzeit waren, sind verschwunden. Viele Danis haben lesen gelernt, und dank ihrer ausgeprägten Neugierde lernen sie schnell. Ihre Natürlichkeit und ihr gesundes Selbstbewußtsein, das sie weiterhin in ihren Traditionen stolz pflegen, haben sie den schnellen Übergang von der Steinzeit in die »moderne Welt« weitgehend ohne Schaden erleben lassen. Großen Anteil daran haben die christlichen Missionsstationen, die hier sehr zum Segen der Danis wirken.
Auf dem Fußballplatz gleich in unserer Nachbarschaft kämpft am Sonntagnachmittag die Dorfjugend um den Ball. Trotz Schlamm, Gräben und hoher Grasbüschel sind alle mit Begeisterung dabei. Alle spielen barfuß; es wird zwar mit Einsatz zur Sache gegangen, aber fair. Ein Schiedsrichter ist nicht dabei; selbst bei 47 Spielern auf dem Platz wird er nicht vermißt. Diese Fairneß ist genauso natürlich wie die Jungen, die bis auf den Penisköcher nackt mitmachen. Niemand stört sich daran, daß Walter mitten auf dem Spielfeld steht und das faszinierende Spektakel filmt. Er wird wie andere Hindernisse mit Ballgefühl und Können einfach umspielt.
Kurz vor dem Abflug nach Nabire verabschieden sich meine Laufpartner Saba und Theophilus Wonda von mir. Sie haben mir einen Penisköcher mitgebracht, dessen Spitze wie ein Sauschwänzchen gekringelt ist. Fürs Erinnerungsfoto muß ich den Köcher in meine Hose stecken, und mit einem verstohlenen Lächeln drücken sie sich an mich, als würde ich jetzt zu ihrer Sippe gehören.

Abschied von meinen »Laufpartnern« aus der Wonda-Sippe am Flugfeld in Ilaga.
Rechte Seite: Abseilen durch die Kaminschlucht der Carstensz-Nordwand.

Mount Shinn: über dem Niemitz-Gletscher der Antarktis.

Antarktis – Vinson, Shinn und die Iceprincess

Die Erforschung der Antarktis ist aufs engste mit den Namen Scott und Amundsen verbunden. Beide lieferten sich ein Rennen, dessen Ausgang weltweit bekannt wurde: Amundsen erreichte mit vier Begleitern am 14. Dezember 1911 den Südpol und ließ dort über einem Zelt die norwegische Flagge wehen. Sein Kontrahent bei diesem Wettlauf, der Brite Scott, kam fünf Wochen zu spät. Er starb mit seinen vier Begleitern beim Rückmarsch ... zu Fuß. Das ganze Drama wurde auf Film festgehalten und in der darauffolgenden Saison von einer Suchexpedition gefunden. Scott hatte auf Motorfahrzeuge, die versagten, gesetzt, Amundsen auf die Erfahrung mit Schlittenhunden.

Die Antarktis ist der fünftgrößte Kontinent der Erde, mit 1860 Meter Durchschnittshöhe der höchste von allen und, was man bei der riesigen Eismasse nicht vermuten würde, der trockenste. In seinem Innern schneit es durchschnittlich pro Jahr nicht mehr als drei (!) Zentimeter. 91 Prozent der gesamten Eismasse der Erde liegen in der Antarktis (acht Prozent auf Grönland, ein Prozent auf den übrigen Gletschern), das macht den zehnten Teil der gesamten Wassermenge der Erde oder 68 Prozent des Frischwassers aus. Wenn das Eis der Antarktis schmilzt, würde der Meeresspiegel um 60 Meter steigen! Die gefürchteten antarktischen Stürme, die 300 Stundenkilometer erreichen, entstehen durch die Erdanziehung, die die kalte dichte Luft von der Eisfläche des Südpols zu den Ozeanen zieht. Diese Winde können verheerende Wirkungen haben und sind ein Grund dafür, daß viele Behausungen dort in das Eis gebaut wurden, wie unterirdische Katakomben ...

1935 entdeckte der Amerikaner Lincoln Ellsworth das höchste Gebirge der Antarktis in der Sentinel Range. Der höchste Berg wurde nach dem amerikanischen Kongreßabgeordneten Carl Vinson benannt, der für die Erforschung der Antarktis besonders eintrat. Die Höhenangaben für den Mount Vinson variieren stark: 4986 Meter GPS-Vermessung, 5130 Meter trigonometrische Vermessung und 5460 Meter Barometerwert vom 29. Dezember 1993.

Wegen der Windverhältnisse war am Vinson mit Eis und Sastrugis (Windgangel aus hartem Schnee) zu rechnen. Ski nahm ich deshalb nicht mit. Von allen meinen Reisen zu den höchsten Bergen der sieben Kontinente sollte diese eine der kürzesten werden. Von Punta Arenas an der Südspitze Südamerikas bis zum Mount Vinson und zurück war ich ganze 17 Tage unterwegs. Das äußerst erfolgreiche Unternehmen stand unter einem guten Stern – Wetterglück und perfekte Flugorganisation.
Unsere Kleingruppe ist eine echte gesamtdeutsche Mannschaft: Lutz Protze aus Dresden, Ralf Dujmovits aus Bühl und ich. Lutz hatte nach der Wende seinen Landvermesserberuf an den Nagel gehängt und produzierte für das sächsische Fernsehen Videofilme von Bergen, die möglichst weit von Deutschland weg waren. Denn dafür gab es in den neuen Bundesländern nach den Jahren hinter dem eisernen Vorhang einen Nachholbedarf. Ralf, der fast 20 Jahre jünger als Lutz und ich war, hatte sich nach ein paar Semestern Medizin-Studium ganz dem Bergführerberuf verschrieben und dieses Unternehmen organisiert.
Der wichtigste Punkt bei dieser Tour war nicht die Zusammensetzung der Mannschaft, sondern die Reise in die Antarktis. Damit waren viele Unwägbarkeiten und Risiken verbunden. Der Mount Vinson liegt etwa 1000 Kilometer nordwestlich des Südpols in den Ellsworth-Bergen, sicherlich das unzugänglichste Gebirge der Erde. Die kanadische Firma Adventure Network International (ANI), die sich auf Flüge in die Antarktis spezialisiert hatte, bot ab 1993 sogar einen Flug mit einer Hercules C-130 an! Flüge in den Achtzigern waren mit einer DC-3, an der noch Schneekufen montiert waren, beziehungsweise ab 1990 mit einer DC-6 durchgeführt worden.

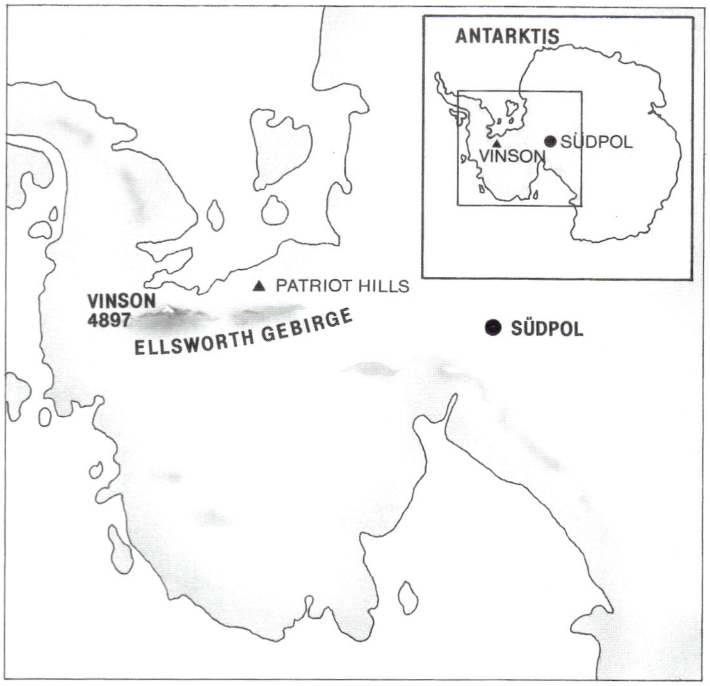

Die Iceprincess wird nie mehr fliegen …

3200 Kilometer südlich von Punta Arenas sollte die C-130 auf einer Natureisbahn am Fuße der Heritage Range landen. Hier sorgten ständige starke Winde für eine fast spiegelglatte, etwa drei bis vier Kilometer lange Eislandebahn, auf der so große Maschinen wie die C-130 landen konnten.
1966, als eine von der National Science Foundation gesponserte amerikanische Expedition die höchsten vier Gipfel der Ellsworth-Berge bestieg, wurden sogar Schneekufen an der C-130 benutzt. Allerdings konnte die Hercules nur mit Hilfe zusätzlicher Startraketen vom Schnee wieder abheben. Nach dieser durch amerikanische Militärs unterstützten Expedition zum Mount Vinson, die die einzige dieser Art blieb, war es schwierig, in das Vinson-Gebiet zum Bergsteigen zu gelangen. Noch 1983 kostete das privat organisierte Unternehmen des Amerikaners Dick Bass ein siebenstelliges Vermögen. Neben der Eislandebahn hat ANI ein Camp installiert, das außer Benzin und Essensvorräten auch über eine starke Funkanlage mit 3000 Kilometer Reichweite verfügt! Es heißt Patriot Hills und liegt 80° 19' Süd, 81° 15' West. Für einen Flug in die Antarktis – nur Sichtflug und wenig Wind bei der Landung beziehungsweise dem Start ist möglich – muß also das Wetter sowohl in Punta Arenas an der Magellanstraße wie auch in Patriot Hills passen. Und darin liegt das Hauptproblem.
Einen Tag, bevor der Abflug mit ANI geplant war, stöberten wir in einem Haushaltwarengeschäft in Punta Arenas herum und suchten nach einem großen Fuchsschwanz, mit dem man Blöcke aus dem Schnee heraussägen kann, und nach einem Teepott. In Punta Arenas gibt es alles, man muß nur eine Weile suchen. Ich konnte es kaum fassen, daß wir bisher keinen einzigen Wartetag hatten, da sitzen wir am nächsten Tag auch schon in der C-130. Mit den paar Sitzen neben dem festgezurrten Gepäck wirkt das Innere wie ein riesiger fliegender Güterwagen. Beim Start brüllen die vier Motoren auf. Selbst im Innern ist der Lärm ohrenbetäubend und läßt sich während des 5½stündigen Flugs nur mit Ohrstöpseln ertragen. Außer uns

In Patriot-Hills (1000 Kilometer nördlich des Südpols) landet die C-130 auf der längsten »Curling-Bahn« der Welt. Beim Ausladen des fliegenden Güterwagens kommen wir mächtig ins Schwitzen.

fliegt noch eine internationale Gruppe mit, die ein Neuseeländer leitet, sowie ein paar Südpol-Touristen. Beim Landen erleben wir die längste Curlingbahn der Welt! Die Räder der Hercules rumpeln etwas, dann gleitet sie bis zum Stand ein bis zwei Kilometer aus: eine Natureisbahn mit einem tonnenschweren Eisstock! Die ersten Schritte auf dem spiegelglatten Eis sind etwas ungewohnt nach dem langen Sitzen.

Der Empfang in der Antarktis fällt überaus freundlich aus. Die Bodenmannschaft von ANI ist rührend um uns bemüht, und das Wetter ist mild: nur –5 °C und windstill! Wir sind viel zu warm angezogen und kommen beim Entladen der C-130 mächtig ins Schwitzen. Eigentlich bräuchte man gar kein Zelt aufbauen, denn als wir am nächsten Morgen etwa um 1.00 Uhr einschlafen, sinkt das Thermometer gerade mal auf –15°C. Was wir zu Hause nicht einmal zu träumen wagten – es geht noch am selben Vormittag weiter: Brydon Knibbs und Max Wenden fliegen alle 13 Vinson-Anwärter mit einer Twin Otter und einer Cessna in das 200 Kilometer nördlich liegende Vinson-Gebiet. So wie die auf 2000 Meter (Barometerwert 2460 m) landen, entpuppen sie sich als Flieger-Asse! Max stammt aus Neuseeland und Brydon aus Kanada. Vor uns, etwa einen Tagesmarsch entfernt, die WNW-Flanke des Mount Vinson, darüber sieht man ein kleines Dreieck: 3000 Meter über uns der Gipfel des Mount Vinson!

Unser geräumiges Kuppelzelt graben wir etwa einen Meter tief in den Schnee ein und schützen es rund herum bis auf Kuppelhöhe mit einer Mauer aus Schneeblöcken. Die beiden anderen Gruppen setzen ihre Zelte einfach auf den Schnee. Bei dem Chilenen Alejo Contreras-Staeding ist ein japanisches Pärchen, Kiochi Ono und Yasuko Namba. Beide sprechen kaum Englisch und machen vielleicht deshalb einen so zurückhaltenden Eindruck. Sie sind aber sehr liebenswürdig und hilfsbereit. Kiochi hilft uns sogar, das Loch für das Zelt auszubuddeln. Wir bieten ihnen einen Capuccino an, denn die Arbeit in der trockenen antarktischen Luft macht durstig, und Kiochi strahlt! Später erfahren wir von der Deutsch-Kanadierin Hilda Reimer, daß Kiochi sehr durstig gewesen sein muß. Statt das salzige Nudelwasser wegzukippen, hat er es kurzerhand getrunken. Muß der einen Brand bekommen haben! Beide Flieger haben ihre Maschinen vertäut. Zurückfliegen können sie

Links oben: Mount Vinson, Lager 1. Zu unserer Überraschung hat Ralf einen Miniaturweihnachtsbaum aus dem Schwarzwald mitgebracht.
Links mitte: Vinson-Basislager vor der WNW-Flanke des Mount Vinson. Aufnahmezeitpunkt: Mitternacht.
Links unten: Bescherung durch den Weihnachtspinguin Alejo im Camp 1 am Mount Vinson: Heiligabend 1993.
Rechts mitte: Hilda Reimer und Brydon Knibbs aus Kanada am Vinson-Basecamp.
Rechts unten: Die echt »Gesamtdeutsche Bergsteigermannschaft« im Körbchen: Von links Ralf, Lutz, Ekke.

nicht, denn in Patriot Hills ist inzwischen schlechtes Wetter. Und Max Wenden wollte eh auf den Mount Vinson.
Die nächsten zwei Tage liegen wir bei dichtem Nebel im Vinson-Base-Camp. Erst am 23. Dezember 1993 nachmittags ziehen wir drei je einen Materialschlitten bis auf einen Platz in 3000 Meter Höhe – hier soll einmal das Lager 1 stehen.
In meinem Tagebuch findet sich folgende Aufzeichnung vom Heiligabend: »24. Dezember 1993. Heute ist Weihnachten; so bis um 9.00 Uhr geschlafen. Während ich schreibe, schlafen Lutz und Ralf noch. Nur die Neuseeländer und Amerikaner werkeln schon fleißig. Ausgiebiges Frühstück. Wetter ist schön. Lager 1 liegt ziemlich im Schatten (WNW-Seite). Mittags um 13.00 Uhr Aufstieg zum Lager 1 (3040 Meter, Barometerwert). Im Norden eine schöne steile Wand: Mount Epperly. Wir lagern etwas oberhalb der Neuseeländer. Es gibt Kuchen, Marzipan und Capuccino. Im Schatten hat es erträgliche –10 °C. In der Sonne ist es abends um 21.00 Uhr angenehm warm. Fischwolken ziehen auf, im Stratozirrus bildet sich um die Sonne ein Halo. Ob das Wetter wohl hält? Ralf hat ein paar kleine grüne Tannenzweige aus dem Schwarzwald mitgebracht, die in den Schneeblöcken stecken: unser Weihnachtsbaum. So ab Mitternacht sinkt die Temperatur auf –25 °C. Bei den Neuseeländern singen wir Weihnachtslieder zusammen mit Dolly, Hilda, Alejo und Max, dem Cessna-Piloten. Immer abwechselnd. Mal deutsch, mal amerikanisch. Am Schluß macht Alejo den Weihnachtsmann im Pinguin-Kostüm. Wir haben uns fast totgelacht! Aber erst mal das Kostüm bis hier raufschleppen! Für Max war es, seit er jetzt die neunte Saison in der Antarktis ist, das schönste Weihnachtsfest. Ralf hat uns ein exzellentes Weihnachtsessen gekocht: Steinpilzsuppe, Schwarzwälder Schinkenrolle und indonesische Reisplatte mit Muscheln aus Punta Arenas! Erst nach 1.00 Uhr morgens am 25. Dezember 1993 kommen wir ins »Körbchen«, so nennen wir unser Zelt! Die Sonne scheint 24 Stunden, die innere Uhr spielt total verrückt. Wir werden sie jetzt nach den Temperaturen einstellen. Morgens ist es an unserer Aufstiegsseite schattig. Vor 10.00 Uhr geht es nicht raus aus dem Zelt und erst um 13.00 Uhr weiter. Wenn ich mir überlege: Im Juni ist es hier Tag und Nacht dunkel, und jetzt geht die Sonne nicht unter! Alejo hat uns noch den Platz für das Lager 2 erklärt.«
Im Zelt ist morgens immer alles voll Rauhreif, und meine erste Arbeit besteht darin, das Zelt zu verlassen und den nassen Schlafsack zu trocknen. Lager 2 liegt nur 200 Höhenmeter höher an der Seite des Gletschers, der vom Sattel zwischen Shinn und Vinson herunterkommt. An jedem Lager bauen wir eine Toilette in den Schnee. Ein brauner Plastiksack dient als Plumpsklo. Anfangs empfinde ich die Maßnahme als übertrieben! Als ich jedoch von den geringen Niederschlägen höre und daß die Fäkalien schließlich »gefriergetrocknet« in alle Windrichtungen verblasen werden, geht mir ein Licht auf! Die braunen Toilettensäcke haben wir später nicht nur zum Vinson Base Camp zurückgezogen, sondern auch bis Punta Arenas rausgeflogen! Im Lager 2 ist es gemütlich, kaum Wind, erträgliche Temperaturen. Abends besucht uns Alejo und erzählt:
Mit Patrick Morrow sei er das erste Mal vor acht Jahren am Vinson gewesen. Seitdem komme er immer wieder. Alejo ist ein interessanter Typ. In Patriot Hills stellte er sich folgendermaßen vor: »Ich bin Schweizer Bergführer, aber Chilene!«
Äußerlich fällt Alejo durch seine russische »Schweißerbrille« auf, die man hochklappen kann und die unkonventionell an einem Stirnband befestigt ist. Wenn Alejo erzählt, dann sind das Abenteuer. Wie er von Patriot Hills 600 Kilometer mit LL-Ski zum Südpol wanderte – allein – oder als Sechzehnjähriger mit einem acht Meter langen Boot von Chile nach Australien segelte oder von Kapstadt 2000 Kilometer mit dem Fahrrad nach Namibia fuhr. Sein nächstes Projekt ist eine Tour von Kanada zum Nordpol. »Da mußt du ein großes Gewehr dabeihaben, wegen der Eisbären!«
Am 29. Dezember 1993 ist es dann soweit: Gipfeltag. Vorher hatten wir in zwei Etappen unser Gepäck über einen Eisbruch bis in den Sattel zwischen Vinson und Shinn hochgetragen. Nach mehreren Tagen mit »whiteout« endlich schönes Wetter. Die völlig trockene Luft macht die Kälte (etwa –20 °C) erträglich. In der Sonne wird es angenehm warm. Ein langes flaches Tal zieht sich nach Süden. Flache Schneehänge, bei besseren Schneebedingungen wären sie ideal für eine Skiabfahrt! Aber überall windverblasener Schnee, Sastrugis und dazwischen blankgefegtes Eis.
Lutz ist ständig mit seiner Videokamera zugange. In seinem Enthusiasmus merkt er nicht, wie die Zeit verrinnt. Jede Einstellung braucht immer gleich eine halbe Stunde. Am Ende des Gletschertales, als es aufsteilt, bin ich froh, mich ausseilen zu können. Jetzt kann ich endlich meinen eigenen Rhythmus laufen. Über einen letzten Gratrücken bis zu einer steilen Wächte, dann sehe ich den Gipfel.
Nur ein einsamer Skistock ziert ihn. Die Aussicht ist unvergleichlich! Im Norden Shinn, Epperly, Tyree und Gardner, im Süden der Kraddock, im Westen, 3000 Meter tiefer, eine riesige Gletscherfläche bis an den Horizont: der Niemitz-Gletscher. Und im Osten unzählige Gipfel zwischen 3000 und 4000 Meter – unbestiegen: ein Paradies für Bergsteiger. In der trockenen Luft rücken die Entfernungen zusammen. Vielleicht kann man 300 bis 400 Kilometer weit sehen! Etwas nordwestlich erkenne ich 3000 Meter tiefer winzig klein, gleich einem Spielzeug, die orangefarbene gut vertäute Cessna von Max Wenden. Am Gipfel ist nur wenig Wind, und wenn ich kein Thermometer dabei hätte, ich würde es nicht glauben: –35 °C. In meinem warmen Daunenoverall, den mit einer doppelten Alveolitschicht geschützten Bergschuhen und einer warmen Gesichtsmaske kann ich diesen Gipfel richtig genießen.
Noch ein paar Fotos, auch mit Selbstauslöser, dann suche ich nach dem Gipfelbuch. Alejo hatte mir den Tip gegeben: es läge etwas versteckt bei den Felsen etwa zehn Meter von der Gipfelwächte entfernt. Die meisten Gipfelstürmer des Mount

Oben: WNW-Flanke des Mount Vinson. Erste Begehung durch den Stuttgarter Rüdiger Lang.
Mitte: Ralf und Lutz (links) im Aufstieg durch den Eisbruch zum Sattel zwischen Shinn und Vinson.
Unten: Ralf im Shinn-Eisbruch über dem Niemitz-Gletscher.

Vinson hätten es nicht gefunden. Nach ein wenig Herumstöbern entdecke ich eine dicke Alukassette unter etwas Flugschnee. Im Buch ist noch der Originaleintrag der Erstbesteigung vom 18. Dezember 1966 durch Pete Schoening, Bill Long, Barry Corbet und John Evans! Zum Schreiben hab ich kurz die Handschuhe ausgezogen. Als ich die Alukassette unbedacht in die Hand nehme, fängt meine Haut sofort an zu »brennen«. Wie ein »heißes Eisen« lasse ich die Büchse fallen, sonst würde die Haut daran klebenbleiben und festfrieren. Weder von meinen Begleitern noch von den Neuseeländern ist etwas zu sehen. So laß ich mir Zeit und genieße bei dem schönen Wetter den Gipfel. Als ich etwa 100 Höhenmeter nach Süden einen Schneegrat absteige, entdecke ich Spuren, die an der Westflanke runterführen. Wahrscheinlich von Jay und Jo Smith aus Kalifornien, die einen Tag vor mir oben waren. Nach 1½ Stunden kommen Neuseeländer, Amerikaner und auch Ralf, der mit Lutz bei Filmarbeiten beschäftigt war.
Als schließlich alle vierzehn oben sind, ist es aus mit der einsamen Idylle. Weiter unten bei einem windgeschützten Platz unter einem etwas überhängenden Felsen warte ich noch einmal eine Stunde, bis sich meine zwei Begleiter mit mir am Seil anbinden und zum Lager runtergehen. Zur Feier des Tages gibt's am Zelt dann heißen Capuccino. Was für ein Tag!
Nachdem die Neuseeländer und Amerikaner abgestiegen sind, bleiben wir allein oben am Col zwischen Shinn und Vinson zurück. Weiter unten ist eine Wolkendecke, und darunter, so hören wir per Funk, sei es kalt und neblig. Oben ist es weiterhin schön und angenehm (–20 °C): 3657 Meter, Camp 3, Barometerwert 4120 Meter. Das prächtige Wetter motiviert uns zu einer weiteren Tour. Der dritthöchste Berg der Antarktis steht zum Greifen nah im Norden, 4681 Meter hoch, etwa 1000 Höhenmeter. Da die letzten 200 Meter bis zur riesigen Gipfelwächte aus steil aufgeschichteten lockeren Steinen bestehen, hoffen wir, daß alles gut zusammengefroren ist, denn etwas Schneeauflage könnte nicht schaden. Am Silvestertag 1993 sind wir bei Traumwetter zum Mount Shinn unterwegs. Strahlend blauer Himmel, und kein Lüftchen rührt sich! Anfangs gehen wir angeseilt, queren auf den Nordwestrücken. Dann geht jeder allein seinen Rhythmus. Die Steine in der Südflanke des Mount Shinn sind vom Eis gut zusammengebacken. Nur die letzten drei Seillängen wird gesichert. Ralf geht voraus, ich klinke mich mit einem Jümarbügel (Steigklemme) ein, während er Lutz sichert. So verlieren wir keine Zeit. Genau unter dem Gipfel ist wie von Riesenhand eine Scharte in die Wächte gehauen. Als Ralf das Eisbeil in die windgepreßte Schneeplatte hämmert, dröhnt der ganze Hang und vibriert wie ein Trommelfell. Vorsichtshalber hänge ich meinen Jümarbügel aus.
Oben auf der Wächte erleben wir eine Gipfelstunde wie im Traum. Eine Gipfelstunde? Nein, es werden zwei daraus! Es ist der schönste Tag, seit wir in der Antarktis sind. »Nur« –20°C. Windstill. Wir genießen die Aussicht, unseren heißen Tee und die Brotzeit. Meine One-Sport-Schuhe sind morgens nicht ganz trocken gewesen. Und ich hab's nicht gern feucht

Auf dem höchsten Berg der Antarktis. Mit Selbstauslöser und Fisheyeoptik banne ich diesen Moment auf den Film. Die Aussicht ist unvergleichlich.

und kalt. Als ich dann eine Stunde lang meine Socken und die Alveolit-Schuhe trockne, meint Ralf verschmitzt, das dürfe man niemandem erzählen. Ich freue mich auf trockene Socken und Innenschuhe und glaube, daß kaum jemand vor mir seine nackten Füße eine Stunde lang auf einem so hohen Berg in der antarktischen Sonne gebadet hat.

Beim Abstieg steigen Ralf und ich noch über einen Grat zur Scharte zwischen Shinn und Epperly (4645 Meter). Der Mount Epperly ist der fünfthöchste Berg der Antarktis – und noch nicht bestiegen. Vom Shinn aus gesehen, ähnelt das Gelände dem Peuterey-Grat am Mont Blanc. Zum Niemitz-Gletscher fällt allerdings eine 2500-Meter-Wand ab. Gewaltig!

Ralf ist wie elektrisiert und steckt mich mit seiner Begeisterung an. Das wäre doch was für uns zwei! Als wir zurück zum Zelt laufen, merken wir erst mal, was das für Entfernungen sind. An Silvester sind wir völlig »trocken«, und eigenartigerweise bekommen wir keinen Funkkontakt mit Patriot Hills. Pünktlich zu Neujahr verschwindet die Sonne hinter dem Mount Vinson, und die Temperatur zieht sofort an. Wir diskutieren, ob wir den Epperly probieren. Alle Argumente, die ich Ralfs Auftrieb entgegenhalte, ziehen nicht so richtig. Kein Funkkontakt? Wie oft waren wir schon ohne Funkgeräte unterwegs! Kaum mehr zu essen? Beim Bergsteigen haben wir eh kaum Hunger! Also, mir fällt nichts Stichhaltiges mehr ein, und trotzdem habe ich ein komisches Gefühl. Ich mag nicht mitgehen. Ralf versucht nicht, mich zu überreden. Wir steigen ab! Bei sehr schönem Wetter, bis hinunter zum Vinson Base Camp.

Am nächsten Tag fällt der Luftdruck über 100 Meter, und am Epperly ziehen Fischwolken auf. Am 3. Januar 1994 wütet ein Höhensturm. Per Funkspruch von Jay Smith bekommen wir die Nachricht, wie der Sturm am Vinson röhrt; man würde es bis hinunter zum Camp 1 hören. Bloß gut, daß wir nicht zum Epperly aufgebrochen sind! Da fliegen jetzt die Fetzen ... Jay und Jo Smith lauern weiterhin auf den Epperly. Aber die Schönwetterzeit war für Wochen vorbei, wie wir am Ende der Saison schließlich erfuhren (Erstbesteigung des Mount Epperly erfolgte durch Erhard Loretan im Dezember 1994, allein).

Am 4. Januar 1994 kommt ein Funkspruch, daß der längst

überfällige Flug von Punta Arenas nach Patriot Hills für den 5. Januar geplant sei. Max holt uns noch am selben Abend mit seiner Cessna und bringt uns nach Patriot Hills. Etwas vor Mitternacht fliegen wir nach Süden. Sehr gute Sicht, schräges Licht und unter uns die Antarktis: ein Traumflug!
In Patriot Hills treffe ich Alejo. Ich frage ihn nach der DC-6, die etwa zehn Kilometer von Patriot Hills entfernt in den Sastrugis liegt. Beim Landeanflug waren wir gestern in geringer Höhe über dieses große viermotorige Flugzeug hinweggeflogen. Noch beim Fotografieren sehe ich, daß zahlreiche Gegenstände um die DC-6 herumliegen. Die Geschichte, die mir Alejo dazu erzählt, weckt gleich Neugierde in mir. Ich bekomme Lust auf einen kleinen Abstecher, zumal die Hercules C-130 voraussichtlich nicht vor 17.00 Uhr ankommt.
Alejos liebenswürdige und immer freundliche Art läßt kaum ahnen, welch ein Abenteurer hinter ihr steckt. Er leiht mir noch seine Langlaufski und paßt die Bindung auf meine Schuhe an. Mit ein paar Tips zur Richtung und wie ich am besten durch die Sastrugis laufe, schickt er mich auf den Weg. Die erste halbe Stunde – ich hab den Wind (sechs Beaufort) im Rücken – sehe ich nur Schnee, endlos viel Schnee. Im Verlauf der nächsten halben Stunde erkenne ich nur schräge dunkle Zacken am Horizont, aus denen ich mir keinen Reim machen kann. Das beschäftigt mich ständig beim Laufen. Kurz bevor ich bei der DC-6 bin, sehe ich das ganze Ausmaß der Katastrophe: das Fahrgestell hinten und vorn abgerissen, alle vier Propeller liegen irgendwo um das Flugzeug herum, das rechte Horizontalleitwerk abgeknickt. Auf der rechten Seite sind auch die Motoren komplett abgerissen. Links am Notausgang ist ein mannshoher Schlitz im Rumpf der Maschine. Da hat sich ein abgebrochener Propeller hineingefräst. Der dort sitzende Mann wurde schwer an der Lunge verletzt. Er konnte nur unter großen Mühen aus der Antarktis evakuiert und gerettet werden.

Die DC-6 in den Sastrugis bei Patriot Hills. Die unglaubliche Geschichte von Norman Vaughn nahm hier Anfang und Ende.

Und so begann die »unglaubliche Geschichte«: 1928 überflog der Amerikaner Richard Bird den Südpol und benannte einen der über 3000 Meter hohen Gipfel in den Transantarktischen Bergen nach seinem Schittenhundeführer Mount Vaughn. Er ist 1993 immer noch unbestiegen. Und so wollte Norman, der Schlittenhundeführer, im hohen Alter von 88 Jahren »seinen« Berg erstbesteigen. Nach langwierigen Verhandlungen durfte er nochmals Schlittenhunde in die Antarktis einfliegen - die letzten überhaupt (seit dem 1. Januar 1994 nicht mehr erlaubt)! Schon um auf die Idee zu kommen, braucht es nicht nur Pioniergeist.
In Punta Arenas, beim ANI-Briefing, hatte ich Norman Vaughn kennengelernt. Das war ein Typ! Ein uriger Holzfäller, der eine neureiche Frau gefunden hat. Die Schlittenhunde samt Vorhut und Kerosinfässern waren im November 1993 auf dem Weg von Punta Arenas nach Patriot Hills. Für den Weiterflug zu den Transantarktischen Bergen war das ANI-Camp nur als Zwischenstop geplant.
Daß die Piloten seiner DC-6 keine große Antarktiserfahrung hatten, störte Norman nicht. Bei schlechter Sicht näherten sie sich nach sechsstündigem Flug Patriot Hills. Ohne Ortskenntnis landeten sie nicht auf der spiegelglatten, vom Wind blankgefegten »Curling-Bahn« am Fuße der Heritage Range, sondern bekamen etwa zehn Kilometer davon entfernt Bodenkontakt mit den Sastrugis. Fahrgestell und Propeller wurden abgerissen. Ein Mann wurde schwer verletzt, die Hunde rannten in ihrer Angst hinaus in die antarktische Eiswüste. Ein paar kehrten in ihrem Schock nicht mehr zurück. Trotzdem: Ein Wunder war geschehen! Obwohl der Frachtraum der DC-6 mit Benzinfässern vollgeladen war, gab es keinen Brand. Vielleicht hatte der geistesgegenwärtige Pilot im letzten Moment die Triebwerke abgeschaltet. Im Cockpit der DC-6 liegen noch Karten, im Raum dahinter Reiseverpflegung. Die Maschine scheint fluchtartig verlassen worden zu sein.
Ein Jahr später, am 19. Dezember 1994, seinem 89. Geburtstag, hat Norman dann seinen Mount Vaughn endlich mit Hilfe mehrerer Bergführer erstbestiegen.
Als ich mich wieder auf den Weg nach Patriot Hills mache, diesmal mit Gegenwind, sehe ich, daß die Sastrugis schon bis an die linke Tragfläche der »Ice Princess« reichen. Kurz danach kurvt die Herc C-130 über Patriot Hills. Sie ist zu früh, mehr als zwei Stunden zu früh! Vielleicht hatte sie Rückenwind auf ihrem Flug von Punta Arenas in die Antarktis?
Ich laufe, so schnell ich das bei dem starken Gegenwind kann, zurück nach Patriot Hills. Völlig naßgeschwitzt erreiche ich kurz vor dem Abflug die Landebahn. Spätestens jetzt weiß ich um das Risiko, in der Antarktis zu fliegen, und bin beruhigt und zufrieden, als uns die Safair-Mannschaft über die Drake-Passage mit gleichmäßig brummenden Motoren zurück nach Punta Arenas bringt.Wie sagte doch Alejo in Patriot Hills? »Die Ice Princess wird nie mehr fliegen!«

Mount Shinn: Die letzte Seillänge auf einem harten, vibrierenden Schneeschild.

Elbrus vom Ushba-Plateau. Links vorn Skheldamauer.

Elbrus und Ushba

Die Besteigung dieser beiden markanten Gipfel, die sicher zu den bekanntesten Bergen im Kaukasus gehören, fiel im Jahr 1994 schon in die Endphase meines Projekts »Seven Summits«, das bedeutet die Besteigung der höchsten Berge aller sieben Kontinente. Und da sollten langjährige Weggefährten mit dabeisein: Erich Kronenthaler aus Konstanz und meine Frau Heidi Eleonore. Wenn Erich schon kein ausgesprochener Höhenbergsteiger, sondern in erster Linie ein Kletterer war, so verband mich mit ihm doch jahrelange Freundschaft. Neun Jahre jünger als ich, begann er relativ spät mit dem Klettern und Skilaufen. Während eines Ausbildungskurses, den ich 1978 für den Hochschulsport der Universität Konstanz leitete, fiel mir sein Talent sofort auf. Bei der Abschlußtour durch die Nordwand des Piz Glüschaint in der Berninagruppe band ich den schwächsten Teilnehmer an Erichs Seil. Er war sichtlich sauer, daß ich ihm eine solche »Bremse« verpaßt hatte, ließ sich aber mit keinem Wort etwas anmerken. Erst später verstand er, daß ich ihm eine besondere Aufgabe zugeordnet hatte. Er meisterte sie mit Eleganz, und genau das wurde sein Stil bei ungezählten Bergfahrten, die wir in der Folge unternahmen.

Erich hat dasselbe Steckenpferd wie Heidi und ich: Tiefschneefahren und Skitourengehen. Da der Elbrus ein doppelgipfliger, erloschener Vulkan mit weiten, kaum über 35° geneigten Schneehängen ist, lag es nahe, die Ski mitzunehmen. Zudem hatte ich erfahren, daß der höchste Berg Europas nicht der 4810 Meter hohe Mont Blanc ist. Ihn hatte ich schon etwa 25mal über die unterschiedlichsten Routen bestiegen, davon auch mehrfach mit Ski. Der Kaukasus ist zwar Grenzgebirge zwischen Europa und Asien, doch der 5642 Meter hohe Elbrus steht elf Kilometer vom Grenzkamm entfernt auf europäischem Gebiet, und ein Besuch des Kaukasus war sowieso schon lange überfällig ...

Das siebenstöckige Hotel Wolfram in Terskol war das ungewöhnlichste »Basislager«, das ich bisher bezogen hatte. Es lag in der kaukasisch-russischen Republik Balkarien in einer dorfähnlichen Ansammlung von Gebäuden, die nach dem Zweiten Weltkrieg scheinbar planlos aus dem Boden gestampft wurden. Die umliegenden Hotels, die einen heruntergekommenen Eindruck machten, gehören zum Cheget-Skigebiet, das die Sowjets etwa 100 Kilometer von Sotschi (am Schwarzen Meer) entfernt zur Erholung der Genossen, die in den großen Kombinaten und Kolchosen arbeiteten, an den Nordhängen des 3700 Meter hohen Dongusorun installiert hatten. Wir hatten diese Reise über eine Moskauer Agentur buchen lassen. Für uns hatte man einen wortkargen Russen vorgesehen, der sich am Flugplatz Mineralny Vody (zu deutsch Mineralwasser) in der staubigen Hitze der nordkaukasischen Steppe nicht einmal vorstellte, dafür aber wieselflink unser Gepäck organisierte. Sein Name war Viktor Sklyarov. Zuerst dachte ich, Viktor sei wegen seiner mäßigen englischen Sprachkenntnisse so zurückhaltend und kontaktscheu. Aber auch nachdem wir seinen Freund Anatoli Markinov aus dem kaukasischen Bergrettungszentrum Shkelkeda kennengelernt hatten, bevorzugte es Viktor, im Hintergrund zu bleiben. Anatoli sprach Deutsch und hatte ein offenes, einnehmendes Wesen. Er strahlte so viel Selbstbewußtsein, Zufriedenheit und Glück aus! Seine auffällige Glatze, seine große Statur mit weit über 100 Kilogramm Gewicht, dazu Hände groß wie Bratpfannen machten aus ihm den Inbegriff des russischen Bären.

Gleich am ersten Tag wollten wir uns die Gegend anschauen und ein wenig mit der Höhenakklimatisation für den Elbrus beginnen. Nach einem ungewohnt schweren Frühstück mit fetten Bratkartoffeln, gebratener Rinderleber und Lauchgemüse setzte uns Viktor im strömenden Regen bei der Talstation des Cheget-Skilifts ab. »Karten für den Lift brauchen wir keine, zu Fuß geht die Akklimatisation viel besser«, meinte Viktor. »Der Weg ist nicht zu verfehlen, und wir können uns ganz einfach in der Nähe des Lifts orientieren.«

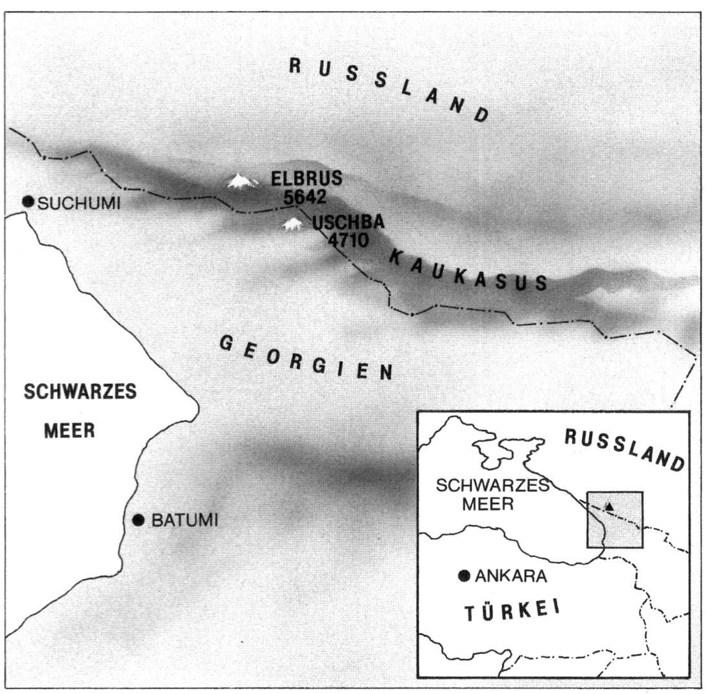

Als er wegfuhr, dachte er sich wahrscheinlich: Verrückte Deutsche, die bei so einem Wetter hier rumlaufen.

Wir hatten es aber immer noch besser erwischt als die russischen Urlauber, die mit kurzen Hosen und dünnen T-Shirts bei Schneeregen mit dem Sessellift hochfuhren; wir wurden wenigstens von innen durch das Steigen warm. Den ganzen Tag waren wir im Regen bis etwa auf 3200 Meter Höhe unterwegs. Naß und verdreckt zogen wir wieder in unser Hotel Wolfram zurück. Einst als Nobelherberge für sowjetische Polit-Kader genützt, war es mit »sozialistischem Komfort« ausgestattet: Die Heizung konnte nicht in Gang gebracht werden. Und so nützten wir unsere 10 °C warmen Zimmer als Trockenraum für die nassen Kleider und Schuhe. Bei der Chefin unseres »Basislagers« besorgten wir uns bald typisch russische Wärmflaschen, gefüllt mit Krimsekt und Wodka. Mit dem Frieren hatte es dann ein Ende.

Auch bei unseren weiteren Akklimatisationstouren war unser Viktor wieder nicht dabei. Anatoli sprang in die Bresche, half uns, so gut es ging. Für ihn hatte die heruntergekommene, desolate Infrastruktur des oberen Baksantales im Kaukasus nichts Negatives oder Deprimierendes. Für ihn war dies das Sinnbild der »alten Zeit«. Und jetzt kam die »neue Zeit«, wie er sich ausdrückte, mit all ihren Problemen und Engpässen, aber auch mit allen neuen Verheißungen der Marktwirtschaft. Anatoli reparierte Autos, fuhr Taxi, organisierte die Bergrettung, trieb riesige Mengen russischer Lebensmittel für uns auf: ein richtig vielseitiges Organisationstalent. Die Quelle seiner Ausgeglichenheit lernten wir bald kennen: seine blutjunge (dritte) Ehefrau, die nicht einmal die Hälfte seiner Lenze zählte, und seine beiden Töchter. Früher war Anatoli Stuntman bei Dreharbeiten für Bergfilme, zum Beispiel bei Absturzszenen. Er freue sich, wie er sagte, heute schon darauf, wenn er diese Filme später einmal seinen Töchtern vorführen könne.

Das schlechte Wetter dauerte nun schon eine ganze Woche an. Während einer kurzen Aufhellung, die wir zu einer Wanderung Richtung Tschantugan nutzten, sahen wir wenigstens ein paar Berge, die mit zerrissenen Gletschern über den grünen Tälern und den wenigen pittoresken Dörfern aufragten. Fast wie in den Zentralalpen, nur waren die Gipfel noch ein paar hundert Meter höher.

Der Kaukasus liegt zwar südlicher als die Alpen, aber nur wenige Kilometer vom Schwarzen Meer entfernt. Er trennt als Grenzgebirge Europa von Kleinasien. Schnell lernten wir, daß die südliche Lage für das Wetter nicht unbedingt von Vorteil war. Wenn der warme Wasserdampf vom Schwarzen Meer mit südwestlichen Winden gegen die hohen Hänge des Kaukasus geschoben wurde, hüllte sich das Gebirge vollständig in dichte Wolken ein. Alles grau in grau, trostlos. Damit war immer eine starke Abkühlung und stürmischer Wind verbunden. An das

Der Elbrus ist ein doppelgipfliger, erloschener Vulkan, der elf Kilometer vom Kaukasushauptkamm entfernt in Europa steht. Unsere Skiabfahrt erfolgte entlang der Linie zwischen Licht und Schatten.

schwere russische Frühstück konnten wir uns gewöhnen, an das Wetter nicht.

Ich begann, unsere Erfolgsaussichten, außer den Elbrus noch weitere, vor allem Kletterberge wie den Ushba, zu besteigen, sehr skeptisch zu beurteilen. Beim Abendessen, nach einem vollständig verregneten Tag, versuchte ich, den mir naiv vorkommenden Optimismus von Heidi und Erich etwas zu dämpfen und auf die Realität zurückzustutzen: »Bei dem Wetter müssen wir grad froh sein, wenn der Elbrus möglich ist.«

Am Tag darauf wollten wir uns die unteren Hänge des Berges einmal ansehen. Vom obersten Talschluß bei Azau führt eine Seilbahn bis zu den Gletschern auf 3500 Meter hinauf. Auf einmal war Viktor wieder da, hatte uns Tickets für die Seilbahn besorgt, und ich konnte es kaum glauben: er schickte sich an, uns zu begleiten! Nach der zweiten Seilbahnstation stiegen wir aus. Im feinen Nieselregen ging es neben einem defekten Sessellift über die porösen rotbraunen Lavasteine einer künstlichen Rampe bis zum Beginn des Gletschers hoch, wo wir unsere Ski anschnallten. Es lagen etwa 20 Zentimeter matschiger Schnee, und Viktor führte uns durch dichten Nebel rauf zu der einzigen Bergsteigerhütte im Baksantal: Prijut 11, was soviel heißt wie »Ankunft der Elf«. Die utopisch geformte, außen mit Metall verkleidete Hütte stand auf einmal gespenstisch wie ein überdimensionierter, aus dem Nebel auftauchender Bug eines U-Bootes vor uns. Viktor lud uns in die Hütte ein, und der Grund dieses Rendezvous wurde uns sogleich vorgeführt. In der warmen Stube der 18jährigen Hüttenwirtin taute Viktor auf. Er lachte zum erstenmal, und wir bekamen wunderbaren russischen Tee serviert.

Um die Hütte herum, die entgegen allen anderen Hinweisen nicht höher als 4050 Meter liegt, krochen Nebel. Unterwegs zu den Pastuchow-Felsen begann es zu schneien. Viktor fing an zu laufen, als ob es um sein Leben ginge. Nach zwanzig Minuten blickte er sich ganz verdutzt um, als wir ihm immer noch an den Fersen hingen. Er spurte wie eine Maschine im inzwischen etwa 30 Zentimeter tiefen Neuschnee, und als wir nach einer Dreiviertelstunde auf 4700 Meter umkehrten, war er zufrieden und zum erstenmal gesprächig: »Elbrus ist kein Problem!«

Viktor Skylyarov und Anatoli Markinov (rechts).

Wir hatten seine Aufnahmeprüfung bestanden. Mit Normaltouristen war bei ihm kein Staat zu machen. Man hatte uns offensichtlich ein Mitglied des früheren sowjetischen Alpinismus-Kaders (Nationalmannschaft) zugeteilt. Er war Träger der höchsten sowjetischen Sportauszeichnungen »Verdienter Meister des Sports« sowie des »Schneeleopards« (Voraussetzung war dafür die Besteigung aller Siebentausender der früheren UdSSR). Mit Eingehtouren hielt sich Viktor nicht auf, die mußten wir uns schon selber besorgen. Wer mit ihm ging, mußte in über 4000 Meter Höhe wenigstens 600 Höhenmeter in der Stunde packen! Auch ohne viel Gepäck war dies in der Akklimatisationsphase ein äußerst scharfes Tempo. An diesem Abend war ich sichtlich beruhigt. Mit dem Rennpferd Viktor würden wir den Elbrus auch bei dem größten Sauwetter schaffen. Meine Frau war erleichtert, weil ich nicht mehr so sehr unter Strom stand und mich entspannen konnte.

Da das Wetter immer noch einen zweifelhaften Eindruck machte, fuhren wir am nächsten Tag das Baksantal hinunter, vorbei am Baksan-Bergsteigerzentrum. Hier führte ein Weg am Yusien Gui-Bach entlang bis hinauf zum 3374 Meter hohen Bethso-Paß. Von hier aus überschritten mitten im Winter zweihundert Frauen und Kinder mit völlig unzulänglicher Ausrüstung vor der herannahenden Invasion der deutschen Wehrmacht im Zweiten Weltkrieg die Kaukasus-Hauptkette in das geschützter liegende Swanetien, das Stalin schon 1921 der Republik Georgien, in der er geboren wurde, einverleibt hatte. Anatoli meinte, auf dem Friedhof von Tegenekli seien mehrere Kinder begraben, die bei der Flucht erfroren waren und die man erst nach der Schneeschmelze gefunden hatte.

Deutsche Gebirgsjäger hatten trotz der Blitzkriegführung sogar noch die Zeit, den Elbrus zu besteigen, um dort am 21. August 1942 die Hakenkreuzfahne zu hissen. Strategisch wertlos und ohne Bedeutung war das wohl nur eine Propagandamasche. Von Verbitterung gegen Deutsche war bei den Menschen, die wir hier trafen, nichts zu spüren. Auch bei Anatoli nicht.

Oben: Terskol im oberen Baksantal/Kaukasus.
Mitte: Prijut 11. Bergsteigerhütte am Elbrus mit utopischem Outfit. Wie ein U-Bootrumpf tauchte die metallverkleidete Hütte aus dem Nebel auf.
Unten: Mit Heidi in Prijut 11 beim Tee. Hinter uns die »Ahnentafel« kaukasischer Alpinhistorie.

Über der Wolkendecke kommt kalter Wind auf, und mit dem Morgenlicht wachsen die Kaukasusriesen in den Himmel. Über Heidi der Ushba-Doppelgipfel. Nach links die Skhara (5200 Meter) und ganz im Osten Dych Tau.

Für ihn gehörte das zur »alten Zeit«. Und er beteuerte: »Jetzt ist neue Zeit!«
Ein Tal weiter steigen wir los. Uns interessiert der Shkelda-Gletscher, dahinter die Shkelda-Wand und vor allem der Ushba. Der Weg führt am Shkelda-Bergsteigerlager vorbei. Da gibt es jede Menge Hütten, einen Zeltplatz, Gemeinschaftsräume und eine Kantine. Davor hängt an einem Baum eine rot angestrichene, etwa 60 Zentimeter hohe Kirchenglocke mit der neutestamentarischen Reliefinschrift: »Kommet her zu mir alle, die ihr mühselig und beladen seid, ich will euch erquikken« (Matth. 11, 28).
Wo diese Kriegsbeute herkommt, ist klar. Man hätte keinen sinnvolleren Platz für die Glocke finden können: Im Kaukasus gibt es mit Ausnahme der Prijut 11 kaum Hütten am Berg, wie zum Beispiel in den Alpen. Die Alpinistenlager liegen alle im Tal. So sieht man Bergsteiger mit riesigen Rucksäcken. Zelte, Schlafsäcke, Kocher und Verpflegung müssen mitgeführt werden. Entsprechend mühselig ist das Bergsteigen.
Wir steigen durch lichten Wald bis zum Shkelda-Gletscher, der in den letzten zwanzig Jahren über einen Kilometer zurückgeschmolzen ist. Mühsam versuchen wir, weglos auf den Gletscher zu kommen. Überall liegt Schutt. Die Shkelda-Mauer ist im Nebel verschwunden, den Ushba kann man nur von der Richtung her erahnen. Aber was das für ein mühseliger Aufstieg wird, sieht man schon. Für den Ushba bräuchten wir also mindestens vier Tage gutes Wetter!
Am nächsten Tag sind wir zur Prijut-11-Hütte unterwegs. Das Wetter ist durchwachsen, aber Viktor meint, solange es nicht schneit, könnten wir es versuchen. Er hatte ein Paar 210 Zentimeter lange Snow-Cat-Ski dabei und steigt in normalen Hartschalen-Bergstiefeln auf. Der Schnee ist alt und faulig. Während ich Viktors lange Latten beäuge, bekomme ich schon Mitleid mit ihm. Wie wird er mit so langen Ski bei den schlechten Schneeverhältnissen und mit den Bergschuhen bei der Abfahrt zurechtkommen?
Auf Prijut 11 sind wegen des schlechten Wetters nicht allzu viele Bergsteiger, und Viktor staunt nicht schlecht, als wir ihm heimische Kässpätzle mit Salat servieren! Morgens um zwei

Uhr wecke ich Viktor und beratschlage mich mit ihm wegen des Wetters. Es schneit und ist mit +3 °C viel zu warm. Aber wir wollen unser Glück trotzdem versuchen. Schon nach einer halben Stunde merke ich, daß ich viel zu dick angezogen bin und furchtbar schwitze. Schließlich laufe ich nur mit vorn geöffneter Goretex-Jacke auf dem nackten Oberkörper. Meine Füße schwimmen im Schweiß, der sich in den warmen Expeditionsschuhen sammelt. Kurz unter den Pastuchow-Felsen kommt Wind auf, und es wird kalt. Wir sind jetzt über der Wolkendecke und steigen über einen aufsteilenden Hang Richtung Ostgipfel auf.

In der beginnenden Dämmerung wächst die Kaukasus-Hauptkette aus der Dunkelheit. Eine phantastische Szenerie. Der Wind aus Südwest steht uns voll ins Gesicht, und obwohl wir alle Daunenkleider angezogen haben, frieren wir. Wir machen jetzt Tempo. Da Viktor keine Harscheisen hat, kann er nicht mithalten. Den steilen Hang läuft er jetzt mit seinen Fellen gerade rauf, hängt dabei voll in den Armen und schindet sich so lange, bis er uns wieder überholt hat. Meine Zehen werden in den nassen Schuhen gefühllos, und ich hoffe auf ein windstilles Plätzchen, um die Socken wechseln zu können. Aber nirgends gibt es eine windgeschützte Stelle. Kurz nach 8.00 Uhr stehen wir auf dem Westgipfel – bei strahlend blauem Himmel und bester Aussicht, die Täler unter einer dichten Wolkendecke versteckt. Zum Greifen nah der Ushba.

Mit einer kleinen Flasche Wein feiern wir meinen letzten Gipfel der »Seven Summits«. Viktor ist ganz aufgeräumt und von Heidis Kondition so begeistert, daß er sie noch auf dem Gipfel des Elbrus für die nächste Tour, den Ushba, animieren will. In der Scharte zwischen den beiden Elbrus-Gipfeln machen wir uns bei einer verfallenen Biwak-Hütte für die Skiabfahrt fertig. Ich staune nicht schlecht, als Viktor ein paar Abfahrtsskistiefel aus dem Rucksack holt. Auf dem Bruchharsch ist er mit seinen langen Ski im Vorteil, aber weiter vorn am Ostgipfelhang sulzt der Schnee auf. Mit unseren kurzen Ski flitzen wir bis Prijut 11 hinunter. Nach einer kleinen Pause schwingen wir dann bis zum Ende des Gletschers.

Wir feiern mit einer kleinen Flasche Wein (eisgekühlt) auf dem Gipfel des Elbrus. Rechts von mir Viktor.

Aus der Traum! Die marode Seilbahn hat ihren Geist aufgegeben, und so kommen wir in den »Genuß«, den Rest per pedes abzusteigen. Damit bloß kein Übermut aufkommt, tauchen wir wieder in die Wolkendecke ein und werden von einem Dauerregen so richtig schön eingeweicht. In Azau empfängt uns ein ungläubig staunender Anatoli und bringt uns zurück ins Basislager Wolfram. »Hätte ich nicht gedacht, daß heute der Gipfel des Elbrus möglich gewesen ist«, kommentierte er kurz.

Unter der Dusche kam dann für mich das böse Erwachen. Mein rechter großer Zeh war vorne angefroren. Eine große dunkelrote Blase unter dem Nagel schmerzte bei jedem Schritt! Zunächst sagte ich Viktor nichts. Für den nächsten Tag hatten wir einen Rasttag angesetzt. Da wollte ich die Blase öffnen, das Blut und die Lymphe rausdrücken und den Zeh steril verpakken. Die »Operation« gelang auch recht gut, und ich war nicht mehr ganz so skeptisch wegen der geplanten Ushba-Besteigung. Viktor hatte inzwischen eine Möglichkeit, mit einem Helikopter auf das Ushba-Plateau zu fliegen, aufgetan und meinte, ich könne ruhig mitkommen und das Zeltlager »verwalten«. Aber auf den Ushba mit dem angefrorenen Zeh, nein, das sei ganz unmöglich!

Wir hatten bestes Wetter und genossen den Flug hoch an den Fuß des Berges. Eine Film-Crew arbeitete oben und bereitete den Aufstieg über die Ostwand vor. Sie empfingen uns herzlich und staunten nicht schlecht, als sich Erich und Heidi für den Ushba fertigmachten, obwohl es schon nach 9.00 Uhr war. Viktor fand es dann auch besser, den angebrochenen Tag für eine Trainingstour auf den Tschatyn Tau zu nutzen, während ich unser Zelt aufstellte und mich um die Kocherei kümmerte. Schließlich gilt der Ushba als schwierigster Berg im Kaukasus. Messerscharfe Grate führen zu seinem Gipfel. Heidi hatte noch nie eine so extreme Eistour gemacht und brauchte guten Zuspruch. Ich meinte zu ihr: »So eine Gelegenheit wie mit dem Viktor würde ich mir nicht entgehen lassen!«

Als die Dreierseilschaft am nächsten Morgen startete, war es noch dunkel und kalt, aber wolkenlos. Der Film-Hubschrauber holte mich etwa zwei Stunden später ab und flog mit mir zum Trost für die entgangenen Kletterfreuden über die beiden Ushba-Gipfel. Unter mir kletterten Erich und Heidi, winzig klein gleich Ameisen, den ziemlich ausgesetzten Nordostgrat hoch, gut gesichert durch Viktor. Vor 81 Jahren gelang einem deutschen Trio unter Hans Pfann die Erstbegehung. Das war damals eine Weltklasseleistung!

Ushba-Doppelgipfel: Einer der interessantesten und schwierigsten Kaukasusgipfel. In der Mitte Ushba-Plateau, dahinter Ushba-Ostwand, die vom messerscharfen NO-Grat abgeschlossen wird. Links Tschatyn Tau (Luftbild).

Bei dem Bilderbuchwetter kurvte der Pilot eine ganze Stunde über dem Kaukasus-Hauptkamm etwa bis zur Shkhara und zurück, so daß ich doch noch voll auf meine Kosten kam. Am nächsten Tag brachte Viktor meine Heidi und Erich sicher den Ushba-Gletscher runter, bei Schneetreiben und Regen! Unsere Kaukasus-Fahrt ging damit zu Ende.
Während der Heimfahrt nach Mineralny Vody mußten wir mehrmals Checkpoints der Polizei passieren. Vor allem Busse wurden gründlich überprüft, denn die Polizei fahndete nach Terroristen, die wegen ein paar Rubel Geiseln aus einem Bus genommen hatten. Anatoli war etwas peinlich berührt und kommentierte trocken: »Neue Zeit!«

Göttinmutter der Erde nennen die Sherpas den höchsten Berg der Welt. Der Gipfel steht 1000 Meter über dem Verbindungsgrat von Nuptse (links) und Lhotse (rechts) im Vordergrund.

Einmal ganz oben – Everest (8846 Meter)

Der Everest war schon seit meiner Lindauer Schulzeit mein Traumberg. Im Englischunterricht nahm unser Lehrer Heinrich Mell Sherpa Tenzings »Chomolungma«, das heißt Göttinmutter der Erde, durch. Ich habe diese Lektüre in meiner jugendlichen Begeisterung an einem einzigen Nachmittag verschlungen. Der Nebeneffekt: Meine englischen Sprachkenntnisse verbesserten sich schlagartig.
Was für eine Enttäuschung, als ich zehn Jahre später (1971) Sherpa Tenzing beim Engadiner Skimarathon traf und er, der berühmte Erstbesteiger des Mount Everest, ausschied, weil er sich wegen der tiefen Temperaturen am Start (–27 °C) viel zu warm angezogen hatte.
Bei keinem anderen Berg ließ die Verwirklichung eines Traums so lange auf sich warten, hatte ich solche Widerstände wegen körperlicher Gebrechen zu überwinden, stellten sich schier unüberwindliche finanzielle Hindernisse in den Weg wie beim Mount Everest!
Einen ersten ernsthaften Versuch unternahm ich 1985. Ich fragte bei der zuständigen chinesischen Behörde – CMA – an, ob ich eine Genehmigung für eine Everest-Besteigung über die Nordwand in der Monsunzeit bekommen könne. Im Monsun waren die Temperaturen am Everest viel erträglicher und vor allem der Wind auf der Nordseite geringer. Mehr Schnee, wie das im Monsun üblich ist, wäre für unser Vorhaben nur von Vorteil gewesen. Wir planten eine Skiabfahrt vom Gipfel über die Nordwandrinne (Norton Couloir).
Wir, das waren Michel Dacher, Erich Kronenthaler, Pierre Beghin und ich. Pierre war im Monsun 1985 mit seiner Frau Anni im Norton-Couloir bis 8200 Meter aufgestiegen, dann schaffte er die Spurerei alleine nicht mehr. Am 11. April 1986 schrieb er mir: «... Using ski to move, is a good solution during the monsoon period. We used Kästle Firn skis ...«
Mit diesen kurzen, für steile Rinnen konzipierten Ski hatten wir auch schon sehr gute Erfahrungen gemacht. Vor allem wenn viel Schnee lag, konnte man die drehfreudigen Ski gut gebrau-

chen. Ich bin nach wie vor davon überzeugt, daß eine Skiabfahrt vom Gipfel des Mount Everest möglich ist: über die Nordseite und das Norton-Couloir. Bei entsprechenden Schneeverhältnissen wäre diese Route auch fahrbar! Das heißt nicht, wie es schon mehrfach praktiziert wurde, unterhalb des Gipfels wegzufahren (Tardivel 1992) oder zwischendrin ohne Ski abzuseilen.
Am 8. März 1986 erhielt ich von den Chinesen eine Besteigungsgenehmigung für den Mount Everest. Allerdings nicht für die gewünschte Nordwand-Route, sondern für den Westgrat. Aber den Westgrat betrachtete ich für die Monsun-Periode als denkbar ungeeignetes Ziel.
Einen Sponsor hatten wir bereits mit einem bekannten süddeutschen Industrieunternehmen ausgemacht. Anders waren die finanziellen Forderungen der Chinesen (bei einerVierermannschaft 300 000 DM ab Peking) auch gar nicht aufzubringen. Aber mit der Genehmigung für den Westgrat hatten uns die Chinesen allen Wind aus den Segeln genommen. Das Unternehmen Everest war somit vorerst auf Eis gelegt.
Kurz vor Weihnachten 1993 kam ich zufällig mit dem neuseeländischen Expeditionsleiter Rob Hall im Vinson-Basislager (Antarktis) ins Gespräch. Rob hatte schon fünf Everest-Expeditionen organisiert und war inzwischen dreifacher Gipfelbesteiger. In den Jahren zuvor hatte ich an verschiedenen Expeditionen zu Achttausendern teilgenommen: so unterschiedlich die Ziele, so unterschiedlich die Mannschaften. Deren Zusammensetzung wäre oft für ein Psychogramm von größtem Wert gewesen, weniger für die Realisierung meiner Träume. Der unbestrittene Vorteil dieser häufig so negativen Erfahrungen war aber, daß ich daraus gelernt hatte, mir die Leute, mit

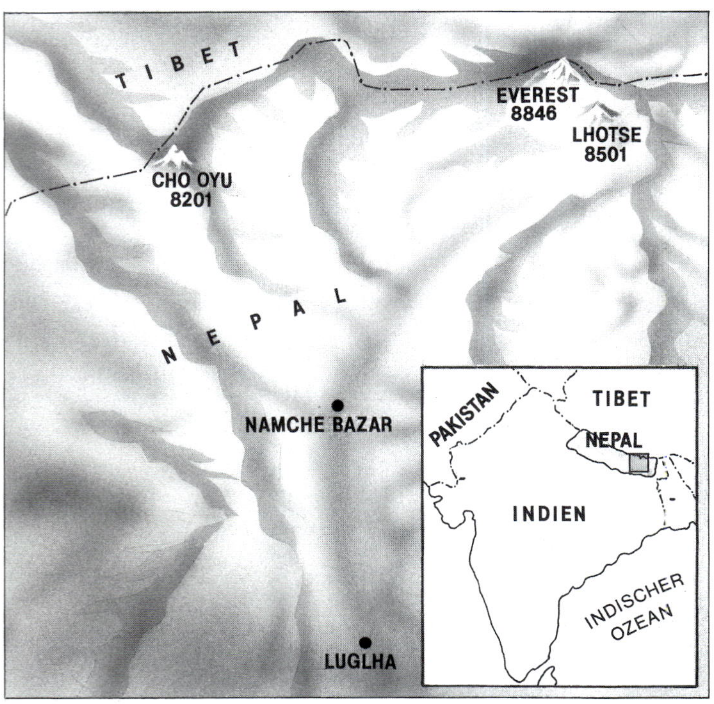

Träger auf dem Weg zum Mount Everest. Der traditionelle Trek von Jiri zum Everest Base Camp ermöglicht eine gründliche Anpassung an die Höhe.

denen ich mich auf solche Abenteuer einließ, genau anzusehen! Und wie überall im Sport: Es gibt nicht nur Siege, sondern auch herbe Niederlagen. Weil nicht medienwirksam, werden die letzteren weniger beachtet. Unsere Gesellschaft stempelt sie allzu schnell mit dem Etikett des Versagens ab. Und doch waren es die Niederlagen, die mir keine Ruhe gelassen haben, die mich Kraft aufbauen ließen, indem ich nicht bei anderen die Ursache des Scheiterns suchte!
An Rob gefiel mir, daß er aus der Himalaya-Bergsteigerei keine Weltanschauung und keine handgestrickte Philosophie machte. Zu lange war Bergsteigen auch mit nationalem Prestige belegt. Warum sonst mußten Fahnen auf den Bergen gehißt werden? Für mich, der ich nie eine Fahne auf irgendeinen Gipfel trug, ist Bergsteigen mehr ein Spiel, dem die Natur die Regeln vorgibt, an die es sich anzupassen gilt. Andernfalls sind das Ergebnis erfrorene Hände, erfrorene Füße oder Lungenödem! Mit oder ohne Sauerstoffflasche auf den Everest zu steigen, ist zwar ein großer Unterschied, war jedoch für mich keine ethische Frage, sondern eine medizinische. Ich entschied mich für Sauerstoff, weil davon meine körperliche Unversehrtheit abhing. Ganz ohne Spott sei gesagt: Es erschien mir paradox, bewußt das Risiko von Erfrierungen in Kauf zu nehmen und dabei die »Harmonie der Welt« zu erfahren, wie uns Reinhold Messner in seinem Buch »Everest, Expedition zum Endpunkt« glauben macht. Wie verführerisch die Lektüre dieses neuen Ethos sein kann, zeigt der Fall der zwei jungen Basken, die sich am 25. September 1992 bei der Besteigung des Everest Hände und Füße erfroren haben. Spätestens bei der Amputation ist es mit der »Harmonie« vorbei. Untersuchungen von Psychologen und Medizinern über die Veränderung der Hirnfunktion und Persönlichkeitsstruktur bei Testpersonen unter Sauerstoffmangel deuten auf irreparable Schäden hin. Keine Regel ohne Ausnahme! Aber Ausnahmeerscheinungen zu verallge-

meinern, ist nicht sinnvoll, und daraus gar Spielregeln ableiten zu wollen, halte ich für höchst problematisch.
Rob war bekannt für Top-Organisation, allerdings hatte er auch seinen Preis. Er ermöglichte mir aber die Teilnahme an der Everest-Expedition 94 als Bergführer, um einen Kunden zu betreuen. Die Voraussetzung war, daß ich ihm den Kunden bringen mußte! Eine schwierige Aufgabe, aber nicht unlösbar. Das Unternehmen nannte sich »Sagarmatha-Cleanup-Expedition-1994« und hatte sich, genau so wie eine amerikanische Expedition mit Scott Fischer, zum Ziel gesetzt, außer der Gipfelbesteigung den Müll vom Everest zu räumen. Sagarmatha ist der nepalische Name für Mount Everest, was sinngemäß »Königin der Berge« bedeutet. Manchmal wird damit auch die Gipfelpyramide des Everest bezeichnet, die ganz aus grauem Kalkstein aufgebaut und vor 325 Millionen Jahren als Sediment auf dem Grund eines Ozeans entstanden ist.
Hellmut Seitzl brauchte nicht lange überredet zu werden. Er sprang sofort auf den Zug auf und fuhr mit mir zum Everest. Die Sache mit dem Sauerstoff betrachtete ich für mich weiterhin pragmatisch, nach dem Motto: »Schau'n mer mal!« Ich war mir natürlich im klaren: Mit fast 52 Jahren würde ich keine Bäume mehr ausreißen. Und das Risiko, Hände und Füße zu erfrieren, kam für mich als Sportlehrer schon gar nicht in Frage. Da ich in der trockenen Luft der Antarktis mit meiner Trigeminus-Neuralgie keine Probleme bekommen hatte, hoffte ich, daß auch am Everest keine Komplikationen auftreten würden. Ich überlegte mir, ob ich mit Hilfe einer Gesichtsmaske die empfindliche Stelle schützen könnte.
Ende Januar 1994 war ich mit Heidi zum Konditionstraining auf der Langlaufloipe unterhalb des Säntis unterwegs. Das Wetter auf der Schwägalp war etwas diesig, und wir liefen wie gewohnt unsere Runden. Bei einer unscheinbaren Abfahrt produzierte eine Läuferin vor mir ein »badewannengroßes« Loch, in das ich prompt hineinfiel. Beim Stürzen knallte ich mit der linken Hand auf einen Stein im Schnee und konnte fortan den linken Ringfinger nicht mehr bewegen. Das Röntgenbild brachte es an den Tag: Das mittlere Ringfingergelenk war völlig zersplittert, die Kapsel zerrissen und das Gelenk ausgerenkt. Nur langsam erholte ich mich von der Operation in einer handchirurgischen Klinik im Schwarzwald. Der Everest war damit schlagartig in weite Ferne gerückt.
Da nur mein linker Arm während der Operation betäubt war, konnte ich die Unterhaltung zwischen dem Operateur und seinem Assistenten mithören: »So eine blöde Verletzung kriegt man nicht mehr ordentlich hin.« Als der Chirurg mich eine Woche später ohne Schmerzmittel zur Fingergymnastik schickte und mir gleich die Tränen kamen, hielt ich ihn für einen Grobian. Beiläufig fragte ich ihn Mitte Februar, ob ich Ende März in den Himalaya könne (den Everest verschwieg ich ganz bewußt). Da musterte mich der Arzt mit ganz eigenartigem Blick und meinte dann: »Wenn Sie weiterhin fleißig Fingergymnastik machen, dann ja – aber nur zum Wandern!«

Auf dem Weg zum Mount Everest.

Oben: Nebel und Regen beim Anmarsch zum Everest Base Camp: Khumbu-Tal bei Kharikola.
Mitte: Rhododendron-Blüte im oberen Khumbu-Tal.
Unten: Nebelwald im unteren Khumbu-Gebiet.

Bei der ersten Gelegenheit fuhr mich Heidi zu einer Langlaufloipe im Schwarzwald. Hier konnte ich gleich ausprobieren, ob ich mit dieser scheinbar kleinen, in Wirklichkeit aber sehr schweren Verletzung klarkommen könnte. Und – innerlich jubelte ich – es ging! Wir steigerten schrittweise die Anforderungen auf einer Skitour vom Rheinwaldhorn bis nach Locarno. Zwischendrin fanden wir noch die Zeit zum Heiraten. Die zwei letzten Etappen von Fusio über Redorta-Paß und Coripppo kann man allerdings kaum als Hochzeitsreise bezeichnen, so eine Schinderei war das. Aber die Hochzeitsreise wollten wir ja nach der Everest-Expedition nachholen, auch im Tessin. Inzwischen dehnte ich mehrmals täglich meinen Finger mit einer Spezialschiene auf...

Am 26. März 1994 fliege ich mit Hellmut nach Kathmandu in Nepal, wo wir Rob treffen. Rob und Ed leiten die Expedition, und außer Hellmut sind noch drei Amerikaner und ein Norweger dabei. Robs Frau, Jan Arnold*, betreut als Ärztin die Expedition.

Am ersten Abend im Khumbu-Gebiet, unten an der Brücke über den Dudh Kosi, gleich nach Lughla, holen Hellmut und ich uns eine Erkältung in einer zugigen Lodge. Bei mir sitzt sie nach wenigen Tagen in der linken Nebenhöhle, etwas später liege ich mit Fieber in Pheriche und brauche Antibiotika. Jan ist rührend um mich bemüht, und als die anderen zum Basislager weiterziehen und wir zurückbleiben, beruhigt sie mich: »Wir haben jede Menge Zeit!«

Das naßkalte Wetter und der andauernde Wind machen mir mit meiner Infektion schwer zu schaffen. Erst spät erreiche ich das Basislager auf 5300 Meter Höhe. Ziemlich müde und kaputt scheine ich gar nicht wie ein Gipfelanwärter auszusehen. Der Sirdar (Sherpa-Obmann) fragt mich auch gleich bei der ersten Gelegenheit, ob ich denn schon mal in größerer Höhe gewesen sei. Vielleicht sehe ich wie einer dieser reichen Pfeffersäcke aus, die meinen, mit Dollars allein komme man auf den Berg. Ang Dorje beruhigt sich, nachdem er zweimal meinen Puls gemessen hat, denn nach dem ersten Mal hatte er es nicht geglaubt: 48 Schläge in der Minute.

Am übernächsten Tag fühle ich mich besser, und wir steigen durch den Khumbu-Eisbruch auf. Noch bevor die Sonne herauskommt, sind Hellmut und ich oben im Lager 1 auf 6100 Meter Höhe. Die Sherpas haben den Khumbu-Eisbruch super präpariert. 29 Leitern liegen über teilweise abgrundtiefen Spalten. Bevor es in das Tal des Schweigens geht, sperrt eine etwa 25 Meter hohe überhängende Serac-Mauer den Eisbruch nach oben ab. Zehn Aluleitern - je drei Meter lang - aneinandergebunden, mit Seilen wie ein Zirkus-Trapez verspannt, helfen, dieses Hindernis zu überwinden. Beim ersten Mal wird es mir schon etwas mulmig, als die ganze Konstruktion etwa einen halben Meter zu schwingen beginnt.

Der Eisbruch ist eine wilde Gegend: Eiskaskaden, Spalten so

* Jan Arnold bestieg im Mai 1993 den Mount Everest.

tief und groß, daß man mühelos Doppelhäuser darin versenken könnte. Und wie gefährlich! Bei Neuschnee können große Lawinen aus 7000 Meter Höhe hereinstürzen. Am besten überwindet man dieses Nadelöhr morgens im Schatten. Dann kann man schneller steigen. Scheint erst einmal die Sonne mit ihrer Strahlungshitze hinein, wird es im Bruch lebendig, und außerdem wird man in der Hitze sehr schnell müde. Beim ersten Mal brauchten Hellmut und ich noch vier Stunden, später, mit zunehmender Gewöhnung an die Höhe, schafften wir das in der halben Zeit, ohne zu ermüden.
Selbst dann kommt es uns nicht in den Sinn, die Route arrogant als Yak-Trail abzutun. Ohne die Versicherungen würde man sich unverantwortlich lange in der gefährlichen Eisbruchzone aufhalten. Die nächsten zwei Wochen werden Lager 2 (6400 Meter) und Lager 3 (7200 Meter) ausgebaut, und wir schlafen auch dort. Der erste Aufstieg ist immer mühsam, aber ich kann meist gut schlafen, und es plagt mich nie Kopfweh. Aus Europa hatten wir Vintschgauer Brot und luftgetrockneten Speck mitgebracht. Die Amerikaner, Norweger und Neuseeländer sind ganz begeistert von den Speck-Parties in 6400 Meter Höhe, vor allem als sich herausstellt, daß unsere Vorräte schier

Oben: Everest über Nuptse und Lhotse vom Kloster Thyangpoche aus. Größe und Erhabenheit dieser Urlandschaft veranlaßten Lama Sangwa Dorji zur Meditation. In seinen Fußstapfen wurde das Kloster Thyangpoche gegründet. Thyangpoche bedeutet Fußabdruck. Unten: Khumbu-Eisfall vom Everest Base Camp. Blumen für Cécile sind die einzige Spur, die frühere Expedition hinterlassen haben.

Blick vom Basislager zum Khumbu-Eisfall.

unerschöpflich sind. Die Stimmung in unserer internationalen Gruppe ist prima. Die Sherpas arbeiten ohne großes Aufheben wie die Brunnenputzer, egal wie das Wetter ist. Was wären Expeditionen in Nepal ohne sie!

Am Basislager war es wochenlang unangenehm kalt. Selbst die Isoliermatten auf dem Boden des Meßzeltes halfen nicht. Dieses Manko wollten Hellmut und ich mit einem Käsefondue, das wir extra aus der Schweiz mitgebracht hatten, überbrücken, mit Schwarzwälder Kirschwasser, neuseeländischem Weißwein aus dem Natur-Kühlschrank und nepalischen Kartoffeln statt Weißbrot. Es gab nur ein Problem: Der Tisch im Meßzelt, ein ebener Steinhaufen mit Plastikplane, war drei mal fünf Meter groß. Also bewaffnete sich jeder mit einer Gabel und marschierte im Gänsemarsch immer um ihn herum, um einmal eine Gabel voll Fondue-Käse zu ergattern. Auch unsere sechs Sherpas feixten vor Vergnügen.

Einer der Amerikaner war Handchirurg, David Taylor aus Houston/Texas. Als er mich mit meiner Aufdehnschiene herumlaufen sah – sie hing beim Bergsteigen immer mit einem Karabiner an meinem Klettergurt –, schaute er sich die Prachtnarbe einmal an. »Very good surgeon«, war sein knapper texanischer Kommentar. Der Chirurg muß tatsächlich ein As gewesen sein. Nur selten hatte ich so ein taubes Kribbeln, war kaum kälteempfindlich und konnte den Finger schon wieder erstaunlich gut belasten.

Für Ende April hatte Rob geplant, zur Erholung nach Dingpoche, das 900 Meter tiefer als das Basislager liegt, abzusteigen. Mästen nannte er das.

Mit zwei Amerikanern rannte ich im Dauerlauf hinunter, nach vier Stunden saßen wir schon in der Herberge und aßen und aßen, drei Menüs hintereinander. Draußen schneite es inzwischen naß und feucht. Nachts wachte ich auf. Ein übler Druckschmerz in meiner linken Gesichtshälfte ließ mich nicht mehr schlafen. Den ganzen Tag war mit mir nichts anzufangen: die alte Trigeminus-Sache, die ich mir bei einem Unfall zugezogen hatte. Das fehlte mir gerade noch! Jetzt, kurz vor dem Aufstieg zum Everest-Gipfel! Von den vielen Schmerzmitteln hatte ich am nächsten Morgen noch ganz wackelige Knie. Mit Hellmut und David ging ich im Schneckentempo zum Base-Camp zurück. Am Basislager ist es jetzt (Anfang Mai) wärmer, und es weht kein Wind mehr. Meine Schmerzen sind wie weggeblasen. Die Amerikaner meinen, es wäre für mich wohl besser, mit Maske aufzusteigen – wegen der Wärme, denn Sauerstoff macht warm: »Und dann kannst du den Aufstieg und die enorme Höhe richtig genießen!«

Als wir vom Lager 3 aus zum Südsattel starten, ist das Wetter super. Alle außer Ed und mir benutzen Sauerstoffflaschen. In der Sonne ist es richtig warm. Der ganze Hang ist blank, und das macht das Steigen selbst mit dem Fixseil zu einer anstrengenden Sache. Zwei Sauerstoffflaschen trage ich selber im

Der Abschluß des Khumbu-Eisbruchs ist ein 25 Meter hoher, überhängender Eisabbruch. Die Leiterkonstruktion ist wie ein Zirkustrapez verspannt. Der Fluß der Eismassen verändert jeden Tag die Lage dieser Konstrunktion.

Oben: Morgendlicher Aufstieg durch den Khumbu-Eisbruch. Die Kühle der Nacht verlangsamt den täglichen Vorschub dieses riesigen, zerklüfteten Eisstroms. Die Bergsteiger wurden vom Basislager aus (1,5 Kilometer Luftlinie entfernt) mit 1120 Millimeter Teleoptik fotografiert.
Rechts: Sonnenaufgang im Tal des Schweigens. Die ersten Sonnenstrahlen über dem Everestgipfel vertreiben die Kühle der Nacht. Die Gletscherspalte im Vordergrund ist über 100 Meter tief.

Die Mannschaft der Sagarmatha-Cleanup-Expedition1994 in Lager 2 (6500 Meter). Von links: Ekke, David Taylor, David Keaton, Ed Viestors, Erling Kagge, Hall Wendel, Hellmut Seitzl und Rob Hall.

Rucksack hoch, für alle Fälle als Reserve für den Gipfelaufstieg. Bis zum »gelben Band« kann ich ohne Maske spielend mit den anderen mithalten. Dann ziehen sie davon. Ich komme mir vor wie ein Motor, der nur auf zwei Zylindern läuft, und brauche etwa eine Stunde länger bis zum Südsattel.
Das Zelt teile ich mit Hall Wendel, Ed Viestors und Hellmut. Daneben liegen Rob, die beiden David und Erling Kagge. Von den sechs Sherpas bleiben drei zum Kochen unten, drei gehen mit zum Gipfel.
Bis zu meiner Ankunft auf dem Südsattel hat es etwa zehn Zentimeter geschneit. Überall liegen alte Sauerstoffflaschen, Gaskartuschen und andere Abfälle herum. Bevor es abends heiße Suppe gibt, umrunde ich das Lager, um die Stimmung auf Film zu bannen. Zwischen den Wolkenbänken hindurch treffen die letzten Lichtstrahlen aus Westen auf den Südcol. Ich stöbere noch bei den Zelten herum und mache etwas abseits im Zeltschrott, in der Dämmerung gerade noch zu erkennen, eine grausige Entdeckung: halb aufrecht liegt da ein erfrorener Sherpa!

Aufstieg von Lager 3 (7200 Meter) zum Everest-Südsattel. Die Route wird von dem charakteristischen gelben Band (Felsschichtlinien, die sich kilometerlang durch die Wand vom Lhotse und Nuptse fortsetzen) geprägt. Vorn Hellmut Seitzl.

Etwa bei 8450 Meter erreichen wir den Südostgrat. Kurz danach geht die Sonne auf, direkt hinter dem Kantsch.

Einer unserer Sherpas erklärte mir später, er müsse dort liegenbleiben, wo er gestorben sei – damit er seinen Frieden finden könne.
Nach der Nachtsuppe verkrieche ich mich in meinem Schlafsack, in dem es angenehm warm ist, und Hall schaut ganz ungläubig, weil ich nur eine kurze Unterhose anhabe. Mit einem halben Liter Sauerstoff pro Minute entschwinde ich um 20.00 Uhr in das Reich der Träume. Schon drei Stunden später wekken uns die Sherpas mit heißem Tee. Das Wetter ist kalt und klar. Morgen ist der große Tag! Gegen 0.30 Uhr geht's in der vollen Montur raus aus dem Zelt: Daunenanzug, Alveolitschuhe, Daunenhandschuhe und Gesichtsmaske. Ich packe meine zwei Sauerstoffflaschen in meinen Rucksack, dazu eine Leica mit mehreren Objektiven, eine große 1,2-Liter-Thermosflasche, noch kleingeschnittenen Speck, Vintschgauer Brot, einen Marsriegel, zwei Paar Ersatzhandschuhe, Apotheke und Ersatzbrille. Der Rucksack hat ein ordentliches Gewicht! In stockdunkler Nacht geht es kurz vor 1.00 Uhr los. Meinen Regulator stelle ich auf zwei Liter pro Minute und bin echt froh, daß ich Sauerstoff dabei habe, denn es ist bitter kalt: –40 °C. Nach einer halben Stunde fällt Hellmuts Stirnlampe aus. Nima leuchtet ihm von unten, ich bleibe immer wieder stehen und gebe Licht von oben. Diese Aktion kostet uns drei ganz schön Zeit, und ich staune, wie geduldig Hellmut weitersteigt und unbeirrbar sein Ziel verfolgt. Es liegt sehr wenig Schnee, und die nächtliche Kletterei über den splittrigen Fels ist nicht schwierig, aber heikel. Die Steigeisen kratzen ständig auf den Felsen und finden keinen rechten Halt – im Schnee ginge es viel leichter. Bei etwa 8300 Metern kommt dann die zweite makabre Begegnung. Auf einem Felsband liegt ein erfrorener Sherpa. Daneben, in einem Zeltbündel, noch ein Toter. Nima meint: »Macedonian climber, exhausted.«
Über dem Terai, im Süden Nepals, blitzt es ständig. Über eine Stunde lang: Wärmegewitter. Das Aufleuchten der Blitze ist deutlich bis zum Everest zu sehen. Bei uns herrscht bittere Kälte. Ich habe das Gefühl, daß das Thermometer noch mehr gefallen ist, vor allem kurz vor Sonnenaufgang, bin aber zu faul, extra den Rucksack abzunehmen und nachzusehen. Etwa bei

8450 Meter erreichen wir den Südostgrat. Kurz danach geht die Sonne auf, direkt hinter dem Kantsch. Makalu, Chomolönzo, Lhotse und die Kangchung-Flanke des Everest glühen im roten Morgenlicht. Auf der anderen Seite ist ein enormer Tiefblick. Khumjung liegt noch im Dunkel der Nacht. Nur die obersten Spitzen von Mera Peak, Kang Tega, Thamserku, Ama Dablam und Numbur werden langsam hell. Großartig!
Alles auf dem Film? Also weiter! Bei 8500 Meter überprüfen wir die Flaschen und stellen fest, daß Hellmut seine zweite am Südcol vergessen hat. Inzwischen ist es wärmer geworden, und nachdem ich die Sauerstoffzufuhr auf einen Liter pro Minute gedrosselt habe, bekommt Hellmut meine zweite Flasche. Da wir sehr früh sind, können wir in aller Seelenruhe zum Südgipfel aufsteigen. Kein Lüftchen rührt sich.
8.00 Uhr: Oben am Südgipfel reiße ich mir erst einmal die Maske herunter, weil sich ständig meine Brille beschlägt. Beim Sitzen merke ich keinen Unterschied, ob ich Flaschensauerstoff atme oder nicht. Ein tiefer Schluck aus der Thermosflasche, dann stille ich meinen Hunger. Während ich das würzige Brot und den delikaten Speck genieße, schiebt sich eine Wolke über den Gipfel, und ich befürchte schon, daß es jetzt vorbei ist mit dem schönen Wetter. Bis ich aber am Hillary Step bin, der letzten Steilstufe vor dem Gipfel, herrscht schon wieder eitel Sonnenschein.
An dieser Steilstufe, etwa zehn Meter hoch, ist wenig Schnee, und die Wächte rechts durchlöchere ich zweimal mit dem Pikkel. Durch die Löcher kann ich 3000 Meter tief bis auf den Kangchung-Gletscher hinuntersehen. Aber der Hillary Step selber ist einfacher, als ich dachte. Das sieht zwar steil aus, ist aber flott zu klettern. Links rauf, dann durch einen schneegefüllten Riß, und schon bin ich oben. Der Wächtengrat zum

SO-Grat und die Kangchung-Flanke des Everest. Darunter der Kangchung-Gletscher.

Rast unter dem Everest-Südgipfel. Dahinter, von einer Wolke verdunkelt, der Gipfelgrat mit dem Hillary Step.

Der Gipfel des Mount Everest ist ein fünf Meter langer Schneegrat. Ich habe ein Bild von meiner Frau Heidi mitgebracht, das ich an das Alugestänge hänge. Der nächste Sturm wird es nach Tibet tragen …

Gipfel ist ausgesetzt und vom Wind hartgeblasen. Sauberes Steigeisengehen ist da gefragt, kein Fehler darf passieren. Rob und Ed gehen mit mir die letzten Meter hinter der Gruppe. Erling, vor mir, rutscht mehrere Meter in Richtung Western CWM, kann aber, da er an einem dünnen Seil hängt, von Rob abgebremst werden, gerade als er auf den Felsen der Südwestwand landet. Das Seil zieht mich mit runter, und mir wird ganz mulmig. Ich hänge mich sofort aus dem Seil aus und steige an Erling, der ganz verunsichert im Schnee scharrt, vorbei. Beim späteren Abstieg, als ich mit Hellmut schon unten am Südcol bin, hat Erling noch zweimal einen Schutzengel, als er beim Abstieg vom Südgipfel stürzt und mit viel Glück immer wieder zum Halten kommt. Erling hat kaum bergsteigerische Erfahrung und eine entsprechende Klettertechnik. Er kompensiert dies durch sein enormes Selbstvertrauen, mit dem er auch die beiden Pole der Erde erwandert hat. Sein grenzenloser Optimismus ist ansteckend, täuscht aber nicht über die Realität hinweg. Ein Abenteurer durch und durch.

Kurz nach 10.00 Uhr sind wir alle oben. Mit unseren drei Sherpas zählen wir elf Personen! Rob, der die Expedition blendend organisiert hat, ist ganz still, aber seine Augen strahlen vor Glück.

Der höchste Punkt der Erde. Ich habe das Gefühl, die ganze Welt liegt unter uns.

Es ist schönstes Wetter, nur ganz wenig Wind bei –25 °C. Im Westen stehen ein paar Wolken. Ich habe ein Bild von Heidi mitgebracht. Das hänge ich an die Alustangen der Kristallreflektoren, die Benoit zu Vermessungszwecken heraufgebracht hat. Der nächste Sturm wird es nach Tibet tragen. Er wird aus Süden kommen. Man sieht die Wolkenwalze über dem Terai stehen, ganz Nepal mit dem Himalaya ist noch frei.

So hoch oben – und welch eine atemberaubende Aussicht!

Hellmut ist schon seit 9.30 Uhr auf dem Gipfel. Ohne Maske. Zusammen sind wir ein altes Pärchen: fast 109 Jahre! Seine Augen sind ganz rot, wahrscheinlich weil er die Brille zu oft abgenommen hat. Um 11.30 Uhr drängle ich, wir sollten der Rötung wegen absteigen. Insgeheim hatte ich auch Angst vor dem im Süden aufziehenden Sturm.

Beim Abstieg ist es warm, fast windstill, und nach dem Südgipfel fängt es etwas zu schneien an. Ich warte auf Hellmut, der ohne Maske absteigt. Am Hillary Step seilt er aus Versehen in die Südwestwand ab. Auf mein Zurufen reagiert er zuerst nicht (offensichtlich eine Wirkung des Sauerstoffmangels). Hellmut müht sich unendlich langsam, um auf die richtige Route zurückzukommen. Auf dem messerscharfen Grat vor dem Südgipfel stolpert er mit den Steigeisen, und nur dem beherzten Zugreifen von Ang Dorje verdankt er, daß er nicht abstürzt.

Am Südgipfel verpasse ich ihm eine Sauerstoffdusche, und Hellmut realisiert jetzt erst, was geschehen war! Er erholt sich sehr schnell und ist gleich wieder der alte Kämpfer. Zügig und sicher steigen wir hinunter. Bewundernswert, wie Hellmut das mit fast 57 Jahren schafft. Um 14.00 Uhr sind wir am Südcol, und Tashi verwöhnt uns mit einer Tasse Tee. Nomen est omen! Tashi bedeutet soviel wie Glück! Wegen Hellmuts Augen steigen wir nicht weiter ab. Vielleicht helfen Augentropfen?

Kurz bevor der Sturm richtig losgeht, kommt der Rest der Gruppe gegen 18.00 Uhr zurück. David Keaton sind trotz Flaschensauerstoff vier Zehen erfroren, die später amputiert werden mußten. Nachts fängt es an zu stürmen, was das Zeug hält. Der Sturm reißt unser Vorzelt weg, mein Rucksack fliegt davon... Zwei Tage danach erreichen wir alle sicher das Basislager und feiern ein Riesenfest. Eine Woche später bin ich zurück in Deutschland, bei meiner Frau.

Unsere Everest-Expedition war nicht nur wegen ihres Erfolges außergewöhnlich. Bemerkenswert war auch die Tatsache, wie der Berg geräumt wurde. Vor allem, wenn man bedenkt, wie umweltbewußt sich die meisten unserer Vorgänger (mehr als 100 Expeditionen) verhalten haben. Im Lager 2 schmilzt jedes Frühjahr der Dreck früherer Expeditionen aus dem Eis, die Aufkleber weisen auf die Verursacher hin: Engländer, Japaner, Koreaner, Amerikaner, Franzosen, Spanier, Deutsche, Russen, Italiener ... (Reihenfolge beliebig). Der Südcol ist zur höchsten Müllhalde der Erde verkommen. Weit mehr als 500 Metallflaschen liegen da herum. Das Everest-Base-Camp ist aber schon seit mehreren Jahren völlig sauber, obwohl in der Fachpresse immer wieder hartnäckig vom Gegenteil berichtet wird. Selbst das gebrauchte Toilettenpapier wird abtransportiert und unten im Tal verbrannt, um die Luft für die empfindliche Nase der »Göttinmutter der Erde« rein zu halten! Wahrscheinlich waren diese Journalisten schon lange nicht mehr am Everest-Base-Camp und schreiben einfach irgendeinen alten Schmarrn ab.

Die Sherpas, für die der Tourismus die Haupteinnahmequelle ist und die ihr Selbstbewußtsein aus ihrer Verbundenheit zu alten Traditionen, die sie stolz pflegen, beziehen, sind Meister in der Anpassung. Und dies in zweierlei Hinsicht: Einmal passen sie sich hervorragend an die Lebensbedingungen an, die die Natur des Solo Khumbu vorgibt. Zum anderen vermögen sie, die Anforderungen der »modernen Zeit« mit den Lebensbedingungen in ihrem Bergland auf ökologisch sinnvolle Weise zu verknüpfen. Damit die Wälder nicht für Brennholz geopfert werden, benutzt man vielerorts Kerosin. Beim Trekking und bei Expeditionen sogar ausschließlich! Der Transport von Kerosin wiederum ist ein einträgliches Geschäft für die Träger, die diese Arbeit von Jugend an gewohnt sind.

In den letzten 20 Jahren hat sich weniger das im Tal liegende Solo als vielmehr das Khumbu verändert! An der Flugpiste von Lughla ist aus zwei bis drei Hütten ein Straßendorf mit mehreren hundert Einwohnern entstanden. Das Khumbu-Haupttal ist erstaunlich sauber, und das, obwohl es jedes Jahr von Tausenden von Touristen überflutet wird. Die Sherpas pflegen ihr Land – es ist ihr wichtigstes Kapital!

Wir haben nicht nur alles, was wir auf den Berg mit raufgebracht haben, wieder heruntergeschleppt, sondern auch unsere Sherpas bezahlt, daß sie den Müll unserer Vorgänger beseitigen. Eine Metallflasche vom Südcol bis zum Basislager gab zum Beispiel 10 Dollar. Wenn auch nicht alles auf einmal geht, so ist doch ein Anfang gemacht!

Nach der Gipfelfreude wartete ich auf die Traurigkeit, die Leere, wie sie manche meiner Vorgänger erlebt hatten. Sie wollte sich nicht einstellen. Nach einem Jahr erinnere ich mich immer noch an die Freude, die diese Besteigung mir und meinen Mitstreitern vermittelt hat.

Vielleicht waren es auch meine gesundheitlichen Handicaps, die mich anspruchsloser gemacht haben, denn meine Erwartungen waren gar nicht so hoch gesteckt! Um so größer und intensiver die Freude, als sich der Erfolg doch noch einstellte. Und dann noch so überzeugend: an einem Tag mit sämtlichen Teilnehmern ganz oben auf dem Gipfel des Everest. Immerhin die erste von weit über 100 Expeditionen zum Mount Everest, die das schaffte. Bei keinem Himalaya-Gipfel habe ich die außerordentliche Höhe und die phantastische Aussicht so genießen können, wie beim Mount Everest. Sicher spielte dabei auch meine über Jahrzehnte aufgebaute bergsteigerische Routine, Umsichtigkeit und Geschicklichkeit eine Rolle.

Alle Träume beginnen in der Jugend. Daß sich mein Jugendtraum doch noch erfüllen sollte, empfinde ich als ein Geschenk des Himmels.

Auf dem höchsten Punkt der Erde. Ich habe das Gefühl, die ganze Welt liegt unter mir. Rob Hall spricht per Funk mit dem Basislager.

Der Everest ist zweifelsfrei der »dickste Brocken« der Seven Summits und seine Besteigung war mit den meisten Unwägbarkeiten verbunden. Nicht die Schwierigkeit der Kletterei und die objektiven Gefahren sind das Problem (wie vergleichsweise bei K2 und Nanga Parbat). Die Länge der Route und die enorme Höhe multiplizieren sich zu einem Risiko hinsichtlich der günstigsten Wetterbedingungen. Ich hatte nur einen Versuch – und gleich der erste »Schuß« war ein Volltreffer. Selten genug gibt es im Leben so einen Grund zur Freude. Und diese Freude muß man genießen!

Zur Fotografie

Ich werde immer wieder gefragt, mit welchen Kameras und Filmen ich arbeite, um Bilder unter so schwierigen Umständen wie beim Klettern, in der Hitze der Wüste, in der Wildnis der Hochgebirge und des tropischen Regenwalds zu belichten.
Diese Frage will ich nicht unbeantwortet lassen, aber zuvor darauf hinweisen, daß die Verwendung von ganz speziellen Filmen und Kameras zweitrangig ist. Maßgebend sind für mich Qualität und Zuverlässigkeit, wobei ich an die Qualität sehr hohe Ansprüche stelle.
Sehr viele Bilder wurden auf feinkörnigem Kodachrome II bzw. 25 belichtet, um optimale Vergrößerungen bei Projektion und Abzug von einem Kleinbild-Dia zu erhalten. Die daraus resultierenden längeren Belichtungszeiten wurden entweder mit Stativ, ultralichtstarker Optik oder mit weitgehend verwacklungsfreien Meßsucherkameras, die sich vor allem für Landschaftsaufnahmen eignen, kompensiert. Teilweise wurden aber auch sehr »schnelle« Filme mit 1000 ASA und darüber von Agfa und Fuji benutzt, um das Korn für die Bildstimmung einzusetzen.
Eispickel und Skistöcke hatte ich so umgebaut, daß sie als Einbeinstativ verwendet werden konnten. Und bei Kameras mit Gummituchverschluß war es möglich, mit ruhiger Hand und spezieller Atemtechnik gute Ergebnisse bei Belichtungszeiten bis 1/15 Sekunde zu erhalten (Available-Light-Fotografie). Die Kameras mußten bei Hitze und Kälte, bei hoher und niedriger Luftfeuchtigkeit funktionieren. Oft wurden sie im Rucksack ordentlich durchgerüttelt, was den empfindlichen Meßsucherkameras weniger gut bekam.
Filmqualität, Optik und Verschlußtechnik sind die eine Seite. Ausschlaggebend für das Motiv, die Stimmung und das Licht ist das fotografierende Auge. Ich war fototechnisch völlig unvorbelastet und hatte anfangs viel Mühe mit dem richtigen Einstellen meiner mechanischen Kamera. Meine Mutter, die Grafikerin war, hatte mir schon im Kindesalter einen sicheren Blick für Proportionen wie den goldenen Schnitt, Bildaufbau und Farbempfinden vermittelt, so daß ich mit meiner ersten Kamera, einer einfachen Agfa Karat, die ich vor 30 Jahren gebraucht für 40 DM erstanden hatte, sofort gute Ergebnisse erzielte. Ich fotografierte nicht nach dem Prinzip »Versuch und Irrtum«, bei dem massenweise Ausschuß produziert wird, sondern ich suchte nach Motiven. Sie mußten besonders aussagekräftig und typisch für eine Situation sein, auch versuchte ich, Bilder, die Empfindungen und Emotionen in mir weckten, abzulichten. Diese fand ich in Extremsituationen und bei besonderen Lichtverhältnissen! In der magischen Stunde beim Sonnenauf- und -untergang und auch bei Schlechtwetter.
Eines meiner ersten Fotos (Salbitschijen-Gipfel im Gegenlicht) wurde beim Alpinismus-Fotowettbewerb 1967 gleich mit einem Preis ausgezeichnet. Zwei Monate zuvor war mir die Agfa Karat bei einer Klettertour in der Rosengarten Ostwand (Dolomiten) aus etwa 50 Meter Höhe ins Geröllkar hinuntergefallen. Als ich zum Einstieg zurückkletterte, meinte mein Allgäuer Kletterpartner Udo Zehetleitner, ich könne mir das sparen, der Fotoapparat sei sowieso nicht mehr zu gebrauchen! Zu unserem beiderseitigen Erstaunen funktionierte die Agfa Karat aber noch. Für kurze Zeit benutzte ich auch eine Nikon-Spiegelreflexkamera, die zwar gute Bilder lieferte, sich aber bei extremen Klettereien, wie Grandes-Jorasses-Walkerpfeiler, als zu sperrig erwies, bis mich der Schweizer Fotograf Dölf Reist 1968 auf die Idee brachte, es mit einer Leica zu versuchen. Gleich auf der ersten Tour (Bonatti-Pfeiler) bewährte sich dieses mechanische Schmuckstück (als das ich die LeicaM4 mit einem versenkbaren Objektiv heimlich betrachtete) ganz außerordentlich gut. Ich trug die Kamera ohne Tasche mit versenktem Objektiv einfach unter dem Pullover, hatte sie selbst bei äußerst schwierigen Kletterstellen immer sofort parat und konnte punktscharf einstellen.
Auch auf dem Gipfel des Mount McKinley in Alaska bei –90 °C (wind chill) arbeitete die LeicaM4 tadellos. Der Film wurde allerdings in der Kälte so spröde, daß die Perforation riß. Während 30 Jahren kam dies nur ein einziges Mal vor! Ab 1985 verwendete ich auch eine LeicaM6 mit ultralichtstarker Optik: Elmarit 21 mm, Summilux 35 mm und Noctilux 50 mm. Der hoche empfindliche Entfernungsmesser mußte auf langen Reisen bei Staub, Feuchtigkeit, Hitze, Kälte und den vielen Schlaglöchern wie ein rohes Ei aufbewahrt werden. Deshalb ergänzte ich meine Ausrüstung durch robustere LeicaR6-Kameras.

In der Antarktis, selbst bei Temperaturen, die die Finger am Metallgehäuse kleben ließen, fielen sie nie aus. Auf den Mount- Everest-Gipfel nahm ich ebenfalls eine R6.2 mit, dazu drei Objektive (16 mm Fisheye, Vario Elmar 35–70 mm und 180 mm Apo Telyt). Bei –40°C entstand das Bild mit dem Sonnenaufgang über dem Kantsch in 8450 Meter Höhe am Everest-Südostgrat. Wegen der Erfrierungsgefahr ließ ich die dikken Walkhandschuhe und die Daunenüberfäustel an. Der Akklimatisationsprozeß förderte zwar die Vermehrung der roten Blutkörperchen, aber damit gleichzeitig auch die Verdickung des Blutes. Eine Folge davon ist, daß es dann langsamer durch die Kapillargefäße, auch die der Finger, fließt, und die Erfrierungsgefahr drastisch ansteigt. Eine mechanische Kamera unter solchen Bedingungen zu bedienen, braucht Übung und viel Geduld.
Den Eindruck, den ich am Everest-Gipfel hatte (»unter mir liegt die ganze Welt«), konnte ich durch die Verwendung einer Fisheye-Optik sichtbar machen und noch verstärken. Der Horizont bekam die Wölbung der Erdkugel wie aus der Weltraumsicht.
Die Strahlung auf dem Everest-Gipfel war enorm stark: bei 50 ASA zeigte der Belichtungsmesser Blende 16 und 1/2000 Sekunde. Da die Fisheye-Optik nicht mit Polfilter bestückt werden kann, war das die Grenze für die Leica. Das macht sich bei der Bildqualität als Ultrakurzzeiteffekt bemerkbar. Die drei Kilo Fotoausrüstung, die ich bis auf den höchsten Punkt der Erde getragen habe, haben mich nie gereut; das traumhaft schöne Wetter beim Aufstieg zum Everest-Gipfel war Zufall und Glück. So eine Gelegenheit gibt es nur einmal.
Kleinere, elektronisch gesteuerte Kameras kann man in der Kälte unter der Daunenkleidung warm und funktionstüchtig halten. Anders bei größeren Kameras mit elektronischer Verschlußsteuerung, womöglich noch mit Autofocus und Zoom-Motor. Auch frische Batterien sind in großer Kälte schnell erschöpft! Und externe Stromversorgung ist schon die Grenze des Aufwands, der bei solchen Unternehmungen noch zu realisieren ist. Spezielle, für tiefe Temperaturen präparierte Kameras konnte ich aus Kostengründen nicht verwenden. Eine Vergrößerung der Bedienungselemente am Auslöser sowie dem Zeit- und Entfernungseinstellring, wie an LeicaM4-NASA-Kameras, wäre zur Handhabung bei tiefen Temperaturen mit den dicken Handschuhen sehr von Vorteil gewesen.
Ob senkrechte Felswände, steile Eishänge, Gletscher, Urwälder oder Wüsten, überall hatte ich mindestens eine Fotokamera dabei. Oft kann der Betrachter der Bilder nicht erahnen, wie eine Aufnahme entstanden ist.
Wenn meine Begleiter völlig erschöpft in den Skistöcken hingen, um wie bei der Skiabfahrt vom Mustagh Ata Luft zu hecheln, arbeitete ich mit meiner LeicaM6. Der Schneefall war so dicht, daß er den Himmel regelrecht verdunkelte. Und die breite Skispur, die ich vorneweg in den Schnee pflügte, war eine wichtige Orientierungshilfe für meine Begleiter, damit sie im Schneetreiben und bei dem verdunkelten Himmel schwingen konnten. Das Bild soll nicht Brillanz vermitteln, sondern den Gegensatz zwischen totaler Erschöpfung bei Weltuntergangsstimmung und dem daunenweichen Pulverschnee.
In extremen Situationen, wie im Schneesturm auf dem Nanga Parbat-Gipfel, hielt ich die LeicaM6 einfach vor das Gesicht und drückte ab! Meine Augen spiegeln die damalige Situation wider: Angst, die Hände zu erfrieren, und Angst vor dem Abstieg im Schneesturm.
Das Foto vor dem »Fuchsloch« mit Lutz Freier ist bei –30 °C in der Polarnacht am Kahiltna-Paß in Alaska entstanden. Bevor ich das Bild eine halbe Stunde nach Mitternacht am 5. Juni 1974 mit 35 mm Summicron-Optik, Blende 2, auf einem Eispickel aufgelegt eine Sekunde belichtete, waren wir fünf Stunden lang mit unserem Material durch den Blizzard gezogen und hatten dann in weiteren sechs Stunden ein Loch in den ebenen Gletscher gegraben, nachdem uns der Schneesturm das Zelt aus der Hand gerissen hatte. Es soll dokumentieren, was damals für uns wichtig war und um was es ging: ums Überleben.

Besteigungsgeschichte der »Seven Summits«

Schon in den frühen Fünfzigern begannen Bergsteiger sowohl in Europa wie auch in Amerika, die höchsten Berge mehrerer Kontinente zu besteigen. Der Schweizer Fotograf Dölf Reist und der amerikanische Major William D. Hackett brachten es auf unterschiedliche Weise zu »fünf höchsten« Gipfeln. Reist war 1956 immerhin die dritte Besteigung des Mount Everest gelungen. Beide orientierten sich dabei an typisch bergsteigerischen Konventionen. Hackett nahm an, daß der 2228 Meter hohe Kosciusko die höchste Erhebung des australischen Kontinents sei. Und der Mont Blanc (4807 Meter) wurde gar als höchster Punkt Europas betrachtet.

Als der Amerikaner Dick Bass Anfang der achtziger Jahre ein regelrechtes Rennen um die Besteigung der höchsten Berge aller sieben Kontinente (»Seven Summits«) austrug, übersah er, daß nicht der Kosciusko die höchste Spitze des australischen Kontinents ist, sondern die Carstensz-Pyramide auf Neuguinea. Übereinstimmend wird wegen des Kontinentalschelfs Neuguinea genauso wie Tasmanien dem australischen Kontinent zugeordnet. Dies wird von den Geographen allgemein so akzeptiert und im angloamerikanischen Sprachgebrauch mit »Australasia« ausgedrückt.

Als erster erreichte der kanadische Abenteuerfotograf Patrick Morrow 1986 die Gipfel der höchsten Berge aller sieben Kontinente, nur vier Monate später dichtauf gefolgt von dem Südtiroler Bergsteiger Reinhold Messner. Inzwischen haben etwa 30 Bergsteiger aus zwölf Nationen ebenfalls dieses Ziel erreicht. Die Höhenangaben der Carstensz-Pyramide wurde 1973 durch trigonometrische Vermessung, diejenige des Vinsons 1986 mit Kreuz-Peilung von fünf Satellitenpositionen aus neu bestimmt. Im April 1993 wurde die Höhe des Everests mit drei unabhängigen Methoden bis auf zehn Zentimeter genau bestimmt: 8846,10 Meter. Wenn diese auf den Zentimeter genaue Messung auch mehr von wissenschaftlichem Interesse als von praktischer Bedeutung ist, so resultierte sie doch übereinstimmend aus drei völlig verschiedenen Meßmethoden: Klassische Triangulation, Laserstrahl Referenz-Messung und GPS-Messung (Global Positioning System) über 20 verschiedene Satellitenpositionen!

In der Praxis wird der Mount Everest durch die Niederschläge im Monsun etwas höher, um darauf durch die Winterstürme wieder etwas niedriger zu werden. Langfristig ist wegen der Geotektonik und des Plattendrucks des indischen Subkontinents gegen die tibetische Hochfläche mit einem »Wachsen« der Himalayagipfel, auch des Mount Everests zu rechnen.

Die höchsten Berge der sieben Kontinente sind:

Europa
Elbrus, 5642 m, (8. 06. 1874)*

Afrika
Kilimanjaro, 5895 m, (06. 10. 1889)*

Südamerika
Aconcagua, 6959 m, (14. 01. 1897)*

Nordamerika
McKinley, 6194 m, (07. 06. 1913)*

Asien
Everest, 8846 m, (29. 05. 1953)*

Australien
Carstensz, 4884 m, (13. 02. 1962)*

Antarktis
Vinson, 4897 m (18. 12. 1966)*

* = Datum der Erstbesteigung

Besteigungen der »Seven Summits«" (05. 08. 1986 bis 16. 06. 1995)
nach Angaben von Xavier Eguskitza, Bilbao/Spanien:

Nr.	Name	Geburtsdatum	Land	letzter Gipfel	Besteigungsdatum
1	Patrick Morrow	18. 10. 52	Kanada	Elbrus	05. 08. 86
2	Reinhold Messner	17. 09. 44	Italien	Vinson	03. 12. 86
3	Oswald Oelz	06. 02. 43	Österreich	Carstensz	16. 03. 90
4	Geoff Tabin	03. 07. 56	USA	Elbrus	22. 06. 90
5	Jean-Pierre Frachon	12. 07. 47	Frankreich	Carstensz	27. 11. 91
6	Gerhard Schmatz	05. 06. 29	Deutschland	Carstensz	23. 02. 92
7	Ronald Naar	19. 04. 55	Holland	Everest	12. 05. 92
8	Skip Horner	29. 09. 47	USA	Everest	12. 05. 92
9	Keith Kerr	13. 05. 52	GB	Everest	15. 05. 92
10	Ralph Hoibakk	14. 07. 37	Norwegen	Carstensz	24. 05. 92
11	Junko Tabei	22. 09. 39	Japan	Elbrus	09. 92
12	Christine Janin	14. 03. 57	Frankreich	Aconcagua	25. 12. 92
13	Pascal Tournaire	23. 06. 59	Frankreich	Aconcagua	25. 12. 92
14	Mauricio Purto	22. 11. 61	Chile	Carstensz	15. 09. 93
15	Arne Naess	08. 12. 37	Norwegen	Aconcagua	15. 01. 94
16	Todd Burleson	01. 03. 60	USA	Carstensz	02. 02. 94
17	Ramón Portilla	16. 02. 58	Spanien	Elbrus	21. 03. 94
18	Gerry Roach	08. 09. 43	USA	Carstensz	03. 05. 94
19	Chris Kopcszynski	24. 02. 48	USA	Carstensz	03. 05. 94
20	Glenn Porzak	22. 08. 48	USA	Carstensz	03. 05. 94
21	Ekke Gundelach	09. 09. 42	Deutschland	Elbrus	05. 08. 94
22	Rob Hall	14. 01. 61	Neuseeland	Carstensz	11. 11. 94
23	Hall Wendel	17. 01. 43	USA	Carstensz	12. 11. 94
24	Doug Mantle	13. 03. 50	USA	Carstensz	12. 11. 94
25	Rebecca Stephens	03. 10. 61	GB	Vinson	22. 11. 94
26	Ramon Agirre	26. 04. 59	Spanien	Aconcagua	25. 12. 94
27	David Keaton	10. 05. 65	USA	Aconcagua	05. 02. 95
28	David Hempleman-Adams	10. 10. 56	GB	Carstensz	07. 05. 95
29	Doug Scott	29. 05. 41	GB	Carstensz	12. 05. 95
30	Josip Pucente	08. 05. 56	Spanien	McKinley	16. 06. 95